Inneres Wissen

Andreas Orlik

Inneres Wissen

Probleme lösen, Grenzen überwinden

Theorie und Praxis der Freiheit

Herstellung und Verlag: Books on Demand GmbH Norderstedt
ISBN 978-3-8391-1848-1
Foto Titelseite: © ollirg - Fotolia.com
Foto Rückseite: Studio Besier Wiesbaden

Inhalt

Die Pforte zum Paradies 11

Die Weltsicht als Schlüssel 12

Geist und Materie 13

Die Welt im Chaos versinken lassen 14

Das Beispiel in der materiellen Weltsicht 16

Das Beispiel in der geistigen Weltsicht 17

Die beiden Weltsichten im Überblick 18

Wie der Geist Materie erschafft 20

Wie entsteht aus Ideen Erfahrung? 22

Der Punkt des Glaubens 25

Der genaue Zusammenhang zwischen Ideen und Verhalten 27

Erfahrung 29

Die Ideen dahinter 30

Die Blockierung von Erfahrung 32

Kontrollverlust 35

Die Entkopplung des Handelns von der emotionalen Situation 37

Das Handeln entgegen der Materialisierung 40

Die richtige Trennlinie zwischen Erfahrung und Verhaltensänderung finden 42

Krise und Transformation 48

Geld verdienen - ein Beispiel 52

Magie sehen lernen 57

Probleme 58

Sitz gerade! 58

Die Verwirklichung einer Idee als Erfahrung 60

Sich stellen 63

Die eigentliche Lösungsebene 66

Die verschiedenen Ideen-Ebenen 66

Vorauseilendes Handeln (Problemschemas) 67

Entwicklungsprozesse 70

Die unzulässige Verallgemeinerung 71

Schlechtes Gewissen und gute Vorsätze 73

Mini-Problemchen 74

Der Problem-Effekt 75

Freiheit - Positive Entwicklungen 76

Grenzenlosigkeit 77

Die 2 Schnittstellen des Handelns 79

Grenzen überwinden 81

Wünschen bedeutet Handeln 81

Wünsche und Willen 83

Grenzen überwinden 84

Scheitern 86

Glauben 87

Neue alte Lebensbereiche 89

Was man ganz einfach wissen muss 90

Das Handeln der dritten Art 91

Aufmerksamkeit 93

Absichtsloses Handeln 99

Positiver und negativer Antrieb 101

Möglichkeiten ... 104
Visionen ... 109

Materielle Weltsicht ... 111

Wahrheit ... 111
Konzepte ... 114
Der Ursprung einer materiellen Weltsicht ... 117
Die irrtümliche Verallgemeinerung ... 119
Der Sinn der Materie ... 121
Der Darwinsche Trugschluss ... 122
Die geistlosen Entwicklungen ... 126
Ein Gedankenexperiment ... 128
Beweise, Beweise ... 130

Träume verwirklichen ... 132

Geld verdienen ... 132
Träume verwirklichen ... 134

Der gegenwärtige Moment ... 137

Wo das Leben sich eigentlich abspielt ... 137
Die Gefühle im Jetzt ... 138
Spontaneität ... 143
Nie geht es wie es soll! ... 145

Komponenten der Entwicklung ... 147

Entwicklungsstränge ... 147
Was genau bedeutet glauben? ... 147
Gefühle I ... 151
Gefühle II ... 156
Annahme ... 161
Der Willen: Volle Pulle das Falsche tun ... 163

Ego und Seele 165
Verhalten 166
Widersprüche und Komplexität 167

Themen 169
Depression 169
Angst 173
Heilung 177
Ernährung 178
Die ersten Reaktionen 183
Grippe und Bauchweh 183
Sucht 187
Klimawandel, Klimakatastrophe, Umweltzerstörung 191

Irrtümer und Irrwege auflösen 198
Esoterischer Anspruch 198
Positives Denken 199
Du kannst nichts tun 201
Das Ego muss sterben! 201
Das Wünschen aufgeben 203
Mach dich frei von allem Materiellen 204
Du darfst nicht so sehr wollen 208
Meditation 209
Sei zufrieden mit dem, was du hast! 210
Du musst lernen bedingungslos zu lieben 210
Erleuchtung 212
Was ist die Quintessenz einer Sekte? 212
In der Vergangenheit nach Ursachen für gegenwärtige Probleme graben 213
Negative Vorstellungen und Gedanken 215

Negativität 216

Alle Konzepte aufgeben 217

Geistige Methoden 220

Im Kopf bestimmte Dinge tun, um materielle Wirkungen damit zu erzielen 220

Das Glaubenssystem durch Suggestion ändern 220

Das Gewünschte durch Vorstellungen herbeiführen.................. 224

Fragen stellen 228

Begriffe 230

Materielle Welt 230

Anstrengungen 230

Annahme 231

Was ist Realität und was ist Anschein?................................. 231

Das Glaubenssystem 232

Probleme 232

Wissenschaft 232

Danksagung...235

Die Pforte zum Paradies

Es geistert ein Gedanke durch die Jahrtausende der menschlichen Geschichte, durch alle Kulturen und durch alle geistigen Systeme:

Es ist dem Menschen eine andere, bessere Daseinsweise erreichbar, als er sie gegenwärtig kennt: mehr Energie, mehr Erfüllung, mehr Freude, mehr Glück und mehr Erfolg!

In den Religionen erscheint sie als das Paradies, das unbestätigten Gerüchten zufolge gar nicht erst im Himmel, sondern bereits auf der Erde zu finden ist und eine moderne Ausdrucksweise behauptet: "Der Mensch nutzt nur wenige Prozent seines eigentlichen Potentials."

Wenn man dem nachgeht und Bücher wälzt, stößt man auch tatsächlich auf viele Hinweise, Konzepte und Methoden, die hoffnungsfroh stimmen, weil sie eigentlich ganz einfach klingen. Und außerdem wissen wir aus der Erfolgs- und Ratgeber-Literatur "Jeder kann das", "Jeder kann es schaffen" und "Es ist ganz einfach!"

Viele Menschen machen die Erfahrung, dass sie mit großem Enthusiasmus etwas beginnen, das aber nach gar nicht allzulanger Zeit auf seltsame Weise wieder versandet. Hat man das ein paar Mal erlebt, dann mag man auch gar keinen weiteren Versuch mehr unternehmen.

Warum ist das so? Warum scheint es so schwer zu sein, Dinge von wirklicher persönlicher Bedeutung zu erreichen?

Es ist, als gäbe es da eine Art Pforte zwischen dieser Welt und jener anderen paradiesischen Welt, in der es ganz einfach ist, glücklich zu sein und Erfolg zu haben - eine magische Pforte, die nicht so einfach zu überwinden ist oder nur durch einen bestimmten Trick, den nur wenige kennen - wenn überhaupt jemand.

Doch worin besteht sie genau, jene Pforte?

Und wie kommt man durch sie hindurch?

Bevor wir uns diesen Fragen zuwenden, sei noch kurz geklärt, von welchem Paradies hier die Rede ist, denn da scheiden sich die

Geister: Manche streben nach Erleuchtung, andere nach Glück und wieder andere nach Erkenntnis oder Liebe oder Erfolg.

Hier aber geht es um das Paradies, das in Freiheit besteht: in der Freiheit tun und erreichen zu können, was immer man will, egal was das ist. Und es ist natürlich klar, dass dieses Paradies die anderen Paradiese alle einschließt, denn wenn man alles erreichen kann, dann sollten auch Erleuchtung oder Liebe dabei sein - wenn man das erreichen will. Denn Freiheit bedeutet auch, dass jeder wollen kann, was er will.

Die Weltsicht als Schlüssel

Die Pforte zum Paradies besteht - kurz gesagt - in einem Wechsel der Weltsicht. Das heißt, absolute Freiheit ist mit einer ganz bestimmten Weltsicht verbunden, die dummerweise nicht die gegenwärtig verbreitete Weltsicht ist.

Nun werden Sie sagen "Na gut, dann wechsle ich eben die Weltsicht! Wenns was bringt - am Ende sogar Freiheit?"

Ja, aber es gibt einen Grund, warum Menschen es seit Jahrtausenden versuchen und immer wieder versuchen und ihr ganzes Leben lang versuchen, ins Paradies zu gelangen (schon zu Lebzeiten) und den meisten bleibt es dennoch verschlossen.

Und dieser Grund ist folgender:

Am Übergang von der einen Weltsicht zur anderen, nämlich genau an der Pforte von der einen zur anderen Seite, beginnt man sein Leben nach einer neuen Weltsicht auszurichten, während man die alte Weltsicht aber noch nicht vergessen hat. Und erst recht nicht haben sie die Menschen um einen herum vergessen. Die wollen ja ihre Weltsicht auch gar nicht ändern.

Und jetzt kommts: Was im Lichte der neuen Weltsicht das Richtige ist, erscheint im Lichte der alten Weltsicht nicht gerade selten als der totale Blödsinn, als völlig absurd, als ganz falsch und sogar ins Verderben führend.

Das ist natürlich nicht immer so. Beide Weltsichten überschneiden sich auch und zwar insbesondere da, wo auch die gegenwärtig vorherrschende Weltsicht funktioniert und zu Glück und Erfolg führt.

Aber da, wo man auf Probleme oder Grenzen stößt, hört der Spaß mit der alten Weltsicht ganz schnell auf. Denn das ist genau, was sie nicht kann:

- Probleme lösen
- Grenzen überwinden

Die neue Weltsicht kann das. Und wie es geht, davon handelt dieses Buch.

Geist und Materie

Aber was ist das überhaupt, eine Weltsicht?

Eine Weltsicht ist - wie der Name schon sagt - wie man die Welt sieht! (Das war Gott sei Dank mal einfach.)

Es ist die Summe von Ansichten darüber, wie diese Welt aufgebaut ist, wie sie funktioniert, wie man in ihr erfolgreich sein kann und wie man in ihr gewünschte Wirkungen erzielt.

Wir interessieren uns hier für einen ganz bestimmten Teil der Weltsicht. Noch genauer gesagt für eine einzige ganz bestimmte Frage.

Wir wollten ja Freiheit: die Freiheit tun und erreichen zu können, was immer wir wollen.

Und deshalb interessieren wir uns für genau jene Frage, die entscheidet, wie ein Mensch vorgeht, wenn er bestimmte Ziele verfolgt.

Das Ausgangsszenario ist folgendes:

Der Mensch bewegt sich in der Welt und versucht dort durch sein Verhalten bestimmte Ziele zu erreichen.

Den Menschen, der ja ein geistiges Wesen ist, bezeichnen wir im Folgenden kurz als "Geist".

Die Welt, die ja eine materielle Welt ist, bezeichnen wir als "Materie".

Die Frage aller Fragen lautet:

Muss sich der Geist nach der Materie richten oder richtet sich die Materie nach dem Geist?

Und je nachdem, wie diese Frage beantwortet wird, kommt eine geistige Weltsicht dabei heraus oder eine materielle Weltsicht.

Die materielle Weltsicht besagt:

Der Geist hat sich nach der Materie zu richten. Das heißt, er richtet sein Verhalten nach der materiellen Situation aus, die er vorfindet. Natürlich verändert er die Materie auch oder versucht es zumindest. Aber die materielle Situation bestimmt die Art und Weise, wie er dabei vorgeht: Er reagiert auf die gegebene materielle Situation.

Die geistige Weltsicht besagt:

Die Materie richtet sich nach dem Geist. Das heißt, die Materie reagiert auf den Geist - nicht umgekehrt. Die Materie folgt dem Geist. (Und zur Erinnerung: Hier geht es nicht um irgendeinen Geist, sondern um Menschen wie dich und mich.)

Ich hoffe, es ist an dieser Stelle jedem klar, welche der beiden Weltsichten Freiheit bedeutet. Aber zur Sicherheit sei gesagt, dass es die geistige ist.

Schauen wir uns das an einem Beispiel an:

Die Welt im Chaos versinken lassen

Ich gehe davon aus, dass jeder Mensch beide Weltsichten in sich trägt und auch beide in seinem Leben zur Anwendung bringt.

Die materielle Weltsicht ist lediglich die vorherrschende Weltsicht und sie kommt hauptsächlich zur Anwendung - mit allen Problemen und Einschränkungen, die das mit sich bringt.

Aber jeder Mensch kann in seinem Leben Beispiele finden, wo er Situationen mit der geistigen Weltsicht gemeistert hat.

Und so gab es auch in meinem Leben Beispiele für die erfolgreiche Anwendung geistiger Weltsicht, lange bevor mir die Hintergründe einer solchen Herangehensweise zugänglich wurden.

Bis vor einigen Jahren waren meine Tage sehr vollgepackt mit Aktivität. Es gab viel zu tun. Eine meiner wichtigsten Aufgaben schien darin zu bestehen, überhaupt alles zu schaffen, was geschafft werden musste. Um genau zu sein schaffte ich es aber meistens nicht. Und so häuften sich die Aufgabenberge immer weiter an. Keine Minute durfte vergeudet werden, denn ich war sowieso schon mächtig hintendran.

Da keimte irgendwann der Verdacht in mir "Irgendwas stimmt hier nicht" und eines schönen Tages machte ich aus einer inneren Eingebung heraus zum ersten Mal das, was ich später *"die Welt im Chaos versinken lassen"* nannte und was mein Leben vollkommen veränderte.

Es geht so:

Wenn es gerade mal wieder so richtig heiß herging, wenn die geringste Pause das totale Chaos auszulösen schien und ich glaubte mindestens 10 Bälle gleichzeitig in der Luft halten zu müssen, dann ... hörte ich ganz einfach damit auf.

Ich legte mich auf die Couch und entspannte mich. Ich entspannte mich auf eine Weise, die geistiges Loslassen mit muskulärer Entspannung verbindet. Meiner Erfahrung nach geht das gar nicht anders, weil geistiges Festhalten auch zu muskulärer Anspannung führt.

Es passierte dann folgendes: Das Gefühl, sofort weitermachen und mich noch mehr beeilen zu müssen, verstärkte sich ins absolute Extrem. Gleichzeitig wuchs der Handlungsdruck - das Bedürfnis sofort aufzustehen und loszulegen.

Deshalb nenne ich die Übung "die Welt im Chaos versinken lassen", weil sie mit dem Gefühl einhergeht "Wenn ich jetzt nicht sofort weitermache, versinkt die Welt garantiert im Chaos." Und genau das nahm ich aber in Kauf, indem ich nicht auf den Druck reagierte.

In dieser Situation liegenzubleiben und sich weiter zu entspannen, ist gar nicht so einfach. Wenn man es aber tut, geschieht das Erstaunliche: Irgendwann geht der Druck weg.

Ich bin dann meistens eingeschlafen und wenn ich wieder aufwachte, machte ich eine äußerst interessante Erfahrung:

Die Welt schien sich *von alleine* wieder sortiert zu haben. Das Problem der Aufgabenberge, welche sich - egal wie sehr ich mich auch bemühte, sie abzuarbeiten - immer höher auftürmten, war ein ganzes Stück kleiner geworden. Und das obwohl ich genau das Gegenteil dessen getan hatte, was man normalerweise als die Lösung des Problems ansehen würde.

Das Beispiel in der materiellen Weltsicht

Materielle Weltsicht richtet sich nach der gegebenen Situation:

"Ich schaffe es nicht, alle Aufgaben zu erledigen"

Materielle Weltsicht reagiert darauf und versucht in diesem Rahmen damit fertig zu werden:

"Ich muss mich mehr beeilen", "Ich muss mich mehr anstrengen", "Ich muss einen Kurs in Zeitmanagement besuchen"

("Ich muss ..., Ich muss ..., Ich muss ..." Kommt Ihnen das bekannt vor?)

Die Lösungsstrategie lautet wie folgt:

"Wenn ich es schaffe immer schneller zu machen, kann ich die Aufgaben irgendwann schneller abarbeiten als sie anfallen und dann ist das Problem gelöst."

Das Verhalten (Geist) folgt der Situation (Materie).

In Kurzform:

Situation => Verhalten

oder

Materie => Geist

Das Beispiel in der geistigen Weltsicht

Geistige Weltsicht reagiert nicht auf die Situation, weil sie weiß, dass es genau umgekehrt ist: Die Materie folgt dem Geist.

Und hier kommen wir wieder auf unser ursprüngliches Ziel zu sprechen: die Freiheit! - die Freiheit tun und erreichen zu können, was immer man *will*.

Und nun wissen wir auch, wem der Geist folgt, wenn er nicht der Materie folgt:

Er folgt *dem eigenen Willen*.

Er tut was er *will* und die Materie folgt dem.

Sich immer mehr anzustrengen und immer mehr zu beeilen, ist ganz gewiss nicht, was der Geist will.

Sich dagegen auch mal zu entspannen und die Dinge in Gelassenheit zu erledigen - das schon eher.

Wenn es jemand liebt immer ganz schnell zu machen, ist das etwas anderes. Dann tut er was er will. Wenn er das aber nicht liebt und er glaubt entgegen seinem Willen ganz schnell machen zu müssen, weil die äußere Situation ihm das vorzugeben scheint, dann hat er ein Problem. Und dieses Problem ist mit geistiger Weltsicht lösbar:

"Ich bin der Geist und die Materie folgt mir. Wenn ich mich gelassen verhalte, mich nicht treiben lasse und in keiner Weise auf den Druck reagiere, dann wird die Materie dem folgen und die Aufgabenberge werden verschwinden."

In Kurzform:

Verhalten => Situation

oder

Geist => Materie

Die beiden Weltsichten im Überblick

Wir hatten uns schon mit einer der wesentlichen Fragen von Weltsicht beschäftigt:

Wer richtet sich nach wem? Der Geist nach der Materie oder die Materie nach dem Geist?

Freiheit bedeutet, Begrenzungen des eigenen Lebens auflösen und überwinden zu können, wo sie die persönliche Entfaltung blockieren.

Es ist klar, dass es für diesen Zweck von entscheidendem Vorteil ist, wenn sich die Materie nach dem Geist richtet (geistige Weltsicht).

Es ist dies aber nur eine von vielen Fragen, in denen sich die beiden Weltsichten unterscheiden. Die eigentliche Grundfrage ist noch eine andere:

Wer war zuerst da? oder: Wer ging aus wem hervor?

Hat sich der Geist aus der Materie entwickelt oder ist die Materie eine Schöpfung des Geistes?

Es ist eigentlich nicht korrekt, diese Frage in der Vergangenheitsform zu stellen, da der Prozess noch immer in vollem Gange ist und der Mensch dabei kräftig mitmischt.

Viele halten diese Frage für eine philosophische oder religiöse Frage, die mit dem täglichen Alltagsleben nicht wirklich viel zu tun hat. Und das ist ein folgenschwerer Irrtum!

Warum?

Der Mensch ist ein geistiges Wesen. Der Mensch ist Geist. Wenn der Geist die Materie erschafft, dann tut das auch der Mensch. Wenn er es aber nicht weiß, dann kennt er erst recht nicht die entsprechenden Zusammenhänge und kann sie auch nicht nutzen. Und wie wir noch sehen werden, wirken sich Mechanismen, über die man keine Kontrolle hat, auch oft genug zum eigenen Nachteil aus.

Wir werden uns deshalb in den folgenden Kapiteln damit beschäftigen, wie der Geist die Materie erschafft. Das müssen wir ganz einfach, wenn wir lernen wollen, diesen Prozess im eigenen Interesse zu steuern.

Doch bevor wir dazu kommen, eine kleine Übersicht über die grundlegenden Fragen der beiden Weltsichten:

geistige Weltsicht	**materielle Weltsicht**
Jegliche Materie ist eine geistige Schöpfung.	Der Geist ging Naturgesetzen folgend aus der Materie hervor.
Der Geist dominiert die Materie, das heißt, die Materie richtet sich nach dem Geist.	Der Geist hat sich nach der Materie zu richten.
Materie ist Geist, Materie ist eine spezielle Erscheinungsform von Geist.	Materie ist tote leblose Materie, außer in diesen speziellen Fällen, wo sich Lebewesen aus Materie entwickelt haben.
Materie ist Geist und Geist ist Energie. Jegliche Energie ist Geist.	Materie ist Energie. Energie ist geistlos.
Der Geist ist nicht an die Materie gebunden. Das heißt, er existiert auch ohne sie.	Der Geist ist an die Materie gebunden. Das heißt er kann ohne sie nicht existieren.
Der Geist (das Ich) existiert ewig.	Mit dem Tod des Körpers hört der Geist (das Ich) auf zu existieren.

Wie der Geist Materie erschafft

Halten wir uns also nicht lange mit Randfragen auf und kommen sofort zum Wesentlichen:

Wie geht das, wenn der Geist Materie erschafft?

Materie entsteht *durch* Ideen.

Würde hier stehen "Materie entsteht *aus* Ideen", dann käme das vermutlich den meisten Menschen bekannt vor:

Erst hat man eine Idee und dann entsteht aus dieser Idee ein Haus, ein Auto, ein Kunstwerk, eine Mahlzeit oder was auch immer.

Dass am Ende eines Schöpfungsprozesses wirklich ein materielles Ergebnis entsteht, ist natürlich ein Spezialfall. Der Mensch erschafft auch eine Menge Resultate, die nicht so direkt als materiell bezeichnet werden können, z.B. Organisationen und Gedichte.

Der Mensch ist ein geistiges Wesen und er erschafft geistig geistige Resultate. Einige dieser geistigen Resultate erscheinen als materielle Objekte. (Wie aber schon kurz erwähnt wurde, ist ja Materie lediglich eine spezielle Erscheinungsform von Geist.)

Diese Sichtweise auf den Schöpfungsprozess könnte man in Kurzform so darstellen:

Idee => Resultat (geistig oder materiell)

Es ist dies aber eine sehr spezielle und einseitige Sichtweise auf den Schöpfungsprozess und sie erfasst vor allem nicht das Wesentliche.

Das sieht man unter anderem daran, dass es auch oft genug nicht gelingt: Man möchte ein bestimmtes Resultat erschaffen, aber es klappt ganz einfach nicht - so sehr man sich auch bemüht.

Das eigentlich Wesentliche passiert auf einer anderen Ebene:

Idee => Erfahrung

Ideen verwirklichen sich als Erfahrung.

Erfahrungen sind eine Verwirklichung von Ideen.

Das ist der eigentliche Vorgang. Das ist auch der allgemeinere Vorgang. In diesem Vorgang können materielle Objekte eine Rolle spielen oder nicht.

Und selbst wenn materielle Objekte eine Rolle spielen, dann ist ihr bewusstes Erschaffen mit den Händen auch wiederum nur ein Spezialfall. Denn auch der Mensch erschafft auf vielfältige Weise materielle Wirkungen ohne dass seine Hände oder sonstwelche körperliche Tätigkeiten daran beteiligt sind.

Wenn ein Mensch spezifische geistige oder materielle Resultate hervorbringt, dann verwirklichen sich im Kontext dieses Vorgangs bestimmte Erfahrungen:

- Mache ich meine Sache gut oder nicht?
- Bin ich ein fähiger Künstler, Baumeister, Bäcker, ... oder nicht?
- Geht es leicht oder schwer?
- Stehen mir andere Menschen im Weg oder unterstützen sie mich?
- Ist mein Leben ein Erfolg oder nicht?
- Hat der Mensch positive Möglichkeiten oder nicht?

Und hier sind wir an einem sehr wesentlichen Punkt angelangt:

Normalerweise würde man die oben genannten Fragen als gegebene Voraussetzungen ansehen:

"Entweder bin ich fähig oder nicht. Das ist doch nicht bloß eine Idee, die sich dann verwirklicht. Das ist doch eine Tatsache, an der nicht zu rütteln ist!"

Zum Glück beinhaltet eine geistige Weltsicht Mechanismen und Prozesse um diese Sichtweise vom Kopf auf die Beine zurückzustellen und zu erkennen, dass tatsächlich die Ideen der Ausgangspunkt sind, aus denen sich dann Erfahrung verwirklicht.

Man erkennt jetzt einen weiteren wesentlichen Unterschied zwischen den beiden Weltsichten:

In einer materiellen Weltsicht hat die Materie eine absolute, objektive und vor allem vom Geist unabhängige Existenz. Es macht in dieser

Sichtweise keinen Sinn, nach einem Sinn von Materie zu fragen. Sie existiert ja sowieso.

In einer geistigen Weltsicht aber ist die Materie eine geistige Schöpfung, die bestimmten Zwecken dient. Und zumindest einen Sinn dieser Schöpfung kennen wir nun: Sie ist Träger von Erfahrung. Sie ermöglicht eine bestimmte Form von Erfahrung überhaupt erst. Das Sein in der Materie und der Umgang mit Materie stellen ein Setting für spezifische Erfahrungen dar.

Wie entsteht aus Ideen Erfahrung?

Es sei hier noch einmal ganz klar gesagt, dass wir gerade einen entscheidenden Ebenenwechsel vollzogen haben:

Die übliche Sichtweise des Menschen auf Schöpfungsprozesse ist:

Idee => Resultat

Diese Sichtweise soll nicht abgeschafft werden. Sie wird auch weiterhin ihre Bedeutung haben, denn natürlich muss man auch wissen, was man eigentlich überhaupt erreichen will.

Sie wird jetzt aber ergänzt durch eine weitere Sichtweise:

Idee => Erfahrung

Es handelt sich dabei vor allem auch um eine andere Ideen-Ebene. Die Ideen der beiden Ebenen sind zwar eng ineinander verwoben, es sind aber nicht die gleichen Ideen.

Der Mensch ist normalerweise sehr stark auf die Resultat-Ebene der materiellen Objekte fokussiert, während die Ebene der Erfahrungen und der dahinterstehenden Ideen eher unterbewusst wahrgenommen wird. Im Praxisteil dieses Buches wird es vor allem darum gehen, die Ebene der Erfahrungen sichtbar zu machen und mit ihr auch die Ideen hinter der Erfahrungsebene.

Bevor wir dazu kommen, muss aber erst noch geklärt werden, wie denn nun aus Ideen Erfahrung entsteht.

Es verwirklichen sich auf der Erfahrungsebene die Ideen, die der Mensch für wahr hält.

Man könnte auch sagen:

Auf der Erfahrungsebene verwirklicht sich das, woran ein Mensch glaubt.

Was bedeutet es aber genau, etwas für wahr zu halten bzw. etwas zu glauben?

Das ist nun eine jener Fragen, mit denen sich ein Mensch sein Leben lang auseinandersetzen kann. Und es lohnt sich auch das zu tun. Denn dieses *für wahr halten* (=glauben) ist sehr eng verwoben mit dem, was der Mensch tatsächlich und in seinem Ursprung ist.

Je besser man versteht, was glauben oder für wahr halten tatsächlich bedeutet, um so mehr erkennt man, welchen ungeheuren Gestaltungsspielraum und welche gewaltigen Möglichkeiten man hat und um so besser versteht man, welche tatsächliche Position der Mensch im Gesamtgefüge dieses Universums einnimmt.

Ich möchte an dieser Stelle kurz klarstellen, dass ich den Begriff des Glaubens hier NICHT in einem religiösen Sinne verwende.

Glauben = für wahr halten kann sich in meiner Terminologie auf alles Mögliche beziehen. Es kann sich natürlich auch auf religiöse Inhalte beziehen, aber darum geht es hier nicht.

Die Wahrheit wird sehr oft verwechselt mit dem, was wahr zu sein scheint.

Und glauben wird sehr oft verwechselt mit dem, was sich wahr anfühlt.

Was wahr zu sein scheint und was sich wahr anfühlt sind aber Kategorien der Erfahrungsebene. Und die Erfahrungsebene ist lediglich eine Verwirklichung von Ideen.

Waren es aber die falschen Ideen, die sich da verwirklicht haben, so ist das, was wahr zu sein scheint ganz und gar nicht die Wahrheit, sondern lediglich eine Verwirklichung irgendwelcher vielleicht nicht sehr nützlicher Ideen.

Glauben ist eine geistige Kategorie die weit jenseits der Erfahrung liegt und außerhalb jener Welt, die sonst immer als der Ursprung allen Seins angesehen wird und die doch aber tatsächlich lediglich eine Folge davon ist.

Glauben ist der Kern dessen, was man als *inneres Wissen* bezeichnen könnte. Ein Wissen jenseits aller wissenschaftlichen Beweise, ein Wissen jenseits aller Erfahrung, ein Wissen, das einfach so da ist.

Dieses Wissen ist in der gegenwärtigen Existenz des Menschen etwas verschüttet. Es ist verschüttet unter dem äußeren Anschein dieser Welt, die ja von einer materiellen Weltsicht ausgeht und sich in der Folge an dem orientiert, was diese Welt zeigt.

Genauer gesagt entspringen eben die Ideen, die man für wahr hält in einer materiellen Weltsicht dem äußeren Anschein dieser Welt. Das ist nicht sehr hilfreich, weil sich so auf der Erfahrungsebene immer wieder nur verwirklichen kann, was wir sowieso schon haben. Es ist mit dieser Sichtweise äußerst schwierig, neue Aspekte in diese Welt einzubringen.

Denn dafür müsste man neue Ideen für wahr halten, die im Anschein dieser Welt noch nicht zu finden sind.

Und das ist, was geistige Weltsicht tut. Sie schöpft ihr Wissen nicht aus dem Anschein dieser Welt, sondern aus dem eigenen Inneren.

Es geht hier also um einen Prozess, bei dem sich das Gerüst von Ideen, die man für wahr hält, zunehmend nicht mehr aus dem äußeren Anschein dieser Welt aufbaut sondern aus dem, was ich als *inneres Wissen* bezeichne.

Das ist der Entwicklungsprozess von einer Außenorientierung zu einer Innenorientierung:

Außen = Welt

Innen = Ich

Das praktische Ziel dieses Buches ist es, Erfahrung gestalten zu lernen, anstatt ihr ausgeliefert zu sein.

Sollen sich Erfahrungen ändern, dann müssen sich die Ideen ändern, die man für wahr hält - dann müssen sich die Ideen ändern, an die man glaubt.

Zugegeben, die bisherigen Ausführungen sind nicht sehr hilfreich, um das zu erreichen:

Wenn das innere Wissen so eine tief verborgene, unsichtbare Sache ist, wie soll man da einfach so etwas ändern, um andere Erfahrungen zu bekommen?

Wir werden uns nun schrittweise den Prozess erarbeiten, der das im Grunde alles automatisch erledigt. Dieser Prozess ist immer aktiv und sorgt dafür, dass sich der Mensch ob er das nun weiß oder nicht, zu seinem eigenen Vorteil entwickelt. Er kann gar nicht anders, als das zu tun. Und es braucht auch nicht dieses Buch, damit der Prozess abläuft. Er läuft ganz einfach immer ab.

Aber materielle Weltsicht blockiert diesen Prozess in einem hohen Maße, so dass er seeeehr seeeeeeeeehr langsam abläuft. Wir werden diesem Prozess schrittweise die Bremsklötze herausziehen, damit er ein bisschen besser in Fahrt kommt.

Der Punkt des Glaubens

Nun habe ich im letzten Kapitel erklärt, dass sich auf der Erfahrungsebene das verwirklicht, was man für wahr hält. Das bedeutet, um Erfahrungen zu ändern, muss man Änderungen in seinem Glaubenssystem vornehmen. (Glaubenssystem = System der Ideen, welche man für wahr hält)

Gleichzeitig habe ich aber ziemlich herumgedruckst, was denn glauben nun eigentlich ist:

"... Glauben bedeutet nicht unbedingt, dass es wahr erscheint und auch nicht, dass es sich wahr anfühlt ..."

Das ist - das gebe ich gerne zu - als praktische Information nicht wirklich hilfreich:

Wie erkennt man denn dann, was man im Moment gerade glaubt und ob es geklappt hat, im Glauben eine Änderung herbeizuführen?

Der Punkt des Glaubens ist das Handeln.

Das heißt, im Handeln zeigt sich, woran man glaubt.

Eine andere Betrachtungsweise dieses Zusammenhangs ist die Folgende:

Eine Idee verwirklicht sich als Erfahrung, wenn man ihr erlaubt, das eigene Verhalten zu beeinflussen.

oder

Eine Idee verwirklicht sich dann als Erfahrung, wenn man sich in seinem Verhalten nach ihr richtet.

Genaugenommen ist es nämlich nicht das Glauben an sich, was einer Idee zu ihrer Verwirklichung verhilft, sondern dass die Idee den Energieeinsatz eines Menschen beeinflusst bzw. lenkt.

Der Energieeinsatz wiederum entspricht dem Handeln bzw. Verhalten.

Kurzer Einschub zu den Begriffen Handeln und Verhalten:

Verhalten ist der allgemeinere Begriff. Mit *Handeln* verbinde ich konkrete Aktion. Eine Verhaltensänderung kann bedeuten:

- zu handeln beginnen
- aufhören zu handeln
- ein bestimmtes Handeln durch ein anderes zu ersetzen.

Ich erwähne das hier, weil eine Idee auch dann das Verhalten beeinflusst und sich dadurch verwirklicht, wenn man aufgrund der Idee nicht handelt, wo man normalerweise handeln würde (Zum Beispiel weil man es eigentlich will - aber die Idee verhindert das). Man tut gar nichts und trotzdem hat es Auswirkungen!

Der genaue Zusammenhang zwischen Ideen und Verhalten

Die letzten Kapitel haben sich damit beschäftigt, wie der Mensch als geistiges Wesen materielle Wirkungen erzielt.

Wir hatten zunächst den Fall betrachtet, dass der Mensch irgendein schöpferisches Resultat erschafft, wie z.B. ein Haus, ein Auto oder ein Kunstwerk - nur um dann aber festzustellen, dass für den Erfolg des Vorhabens noch eine andere Ebene wesentlich ist, nämlich die Erfahrungsebene:

Ebene 1: Idee (Objekt-Ebene) => Resultat

Ebene 2: Idee (Erfahrungsebene) => Erfahrung

Der Mensch ist normalerweise eher auf Ebene 1 fixiert und Ebene 2 geht so ein bisschen im Unterbewusstsein unter. Um Erfahrung gestalten zu können, muss man lernen auch Ebene 2 Beachtung zu schenken und immer klarer zu sehen.

Auf der Erfahrungsebene gilt, dass eine Idee sich dann als Erfahrung verwirklicht, wenn man sich in seinem Verhalten von ihr beeinflussen lässt, das heißt, wenn man sich aufgrund der Idee anders verhält, als man sich ohne die Idee verhalten würde, zum Beispiel aufgrund des Willens.

Der Zusammenhang zwischen Idee und Verhalten ist dabei ganz direkter energetischer Natur:

- Die Idee löst ein Handeln ganz unmittelbar aus
- oder treibt es an
- oder stoppt es

Ich erwähne das hier in einem eigenen Kapitel in aller Klarheit, weil das ein völlig anderer Zusammenhang ist, als auf etwas abzuzielen. Im Verhalten, wie es sich aus der derzeit vorherrschenden Weltsicht üblicherweise ergibt, ist man gewöhnt, nach vorne auf Ziele zu schauen - auf das, was man erreichen möchte. Während man das tut, können die Auslöser für das Handeln auf dieses Ziel zu aber dem Vorhaben selbst direkt im Wege stehen.

Beispiel: Während man sich einbildet auf ein bestimmtes Ziel zuzuarbeiten, wird das Handeln an sich aber ganz unmittelbar von den Ideen bestimmt "Es ist eigentlich nicht erreichbar" oder "Es wird sehr schwer werden".

Wohlgemerkt: Dass man diese Dinge denkt ist nicht das Problem. Aber dass man sich in seinem Verhalten von solchen Gedanken beeinflussen lässt.

Es besteht im Inneren ein ganz unmittelbarer Zusammenhang zwischen Auftauchen oder Präsenz der Idee und einer entsprechenden Reaktion im Verhalten.

Man kann mit ein bisschen Übung lernen das wahrzunehmen.

Falls die entsprechende Erfahrung eine angenehme und gewünschte ist, ist an solchen Reaktionen nichts auszusetzen. Falls aber nicht, dann sind die Reaktionen genau der Punkt, an dem man etwas ändern kann, um die Erfahrung tatsächlich und wirkungsvoll zu ändern.

Das geht unter Umständen zunächst erst einmal nicht. Es wird aber möglich im Rahmen eines Prozesses, mit dem sich der nächste Teil des Buches beschäftigt.

Erfahrung

Möchte man eine Erfahrung ändern

- eine unerwünschte Erfahrung loswerden
- oder eine erwünschte Erfahrung herbeiführen
- oder einfach eine Erfahrung durch eine andere Erfahrung ersetzen

dann muss man sein Verhalten anderen Ideen unterstellen, als man das bisher getan hat.

Um das zu tun, gibt es unter Umständen eine Reihe von Hürden zu überwinden:

- Man hat zunächst vielleicht nicht die geringste Ahnung, welche Ideen und welches Verhalten hinter der Erfahrung stehen
- Man hält die Idee für sowas von felsenfest wahr, dass nicht die geringste Chance besteht, an etwas anderes zu glauben

Dafür gibt es eine Lösung. Und was jetzt kommt ist die mit Abstand wichtigste Idee dieses ganzen Buches. Wenn man sich nur eine Sache aus diesem Buch behalten möchte, dann bitte diese. (Manche Gehirne arbeiten ja so digital, da hat immer nur eine Idee zu einem bestimmten Zeitpunkt darin Platz. Soll eine neue Idee hinein, müssen erst alle anderen verworfen werden.)

Also:

Das Durchleben einer Erfahrung erhellt ihren Hintergrund.

Indem man eine Erfahrung vollständig durchlebt, hebt es die Idee, welche hinter ihr steht ins Bewusstsein. Und nicht nur die eine Idee, welche sich direkt in der Erfahrung manifestiert, sondern der ganze Ideenhintergrund über die verschiedensten Ideenebenen hinweg wird erhellt und hebt sich aus dem Unterbewussten heraus ins Bewusstsein.

Es ist ein wahrhaft magischer Vorgang: Eben noch hatte man von nix eine Ahnung und plötzlich liegen die Dinge völlig offen und klar auf der Hand (bzw. im Bewusstsein).

Und nicht nur das - es gibt eine Reihe weiterer sehr positiver Wirkungen:

- Es eröffnen sich neue Lösungen und Wege
- Die Glaubensfixierung auf die alte Idee löst sich und man wird fähig, leicht und mühelos neue Entscheidungen zu treffen, was man denn ab sofort an neuen Ideen für wahr halten möchte, nachdem die alten nicht mehr als unveränderlich festgefügte Realität erscheinen.

Bei soviel positiver Wirkung fragt sich sicher so mancher: "Ich mach doch die ganze Zeit Erfahrungen! Wieso merke ich davon nichts?"

Weil materielle Weltsicht mit einer nahezu permanenten und vollständigen Blockierung von Erfahrung einhergeht.

Die Ideen dahinter

Erfahrungen sind die Verwirklichung von Ideen.

Das gilt in einem sehr wörtlichen Sinn: Wenn man eine Erfahrung ausspricht, dann hat man damit häufig direkt die Idee benannt:

Ein Beispiel:

Man isst Schokolade und fühlt sich dick. Im Spiegel scheint es fast so auszusehen, als wäre man tatsächlich gleich ein Stück dicker. Obwohl das eigentlich vom Volumen der Schokolade her die man gegessen hat, gar nicht sein kann. Aber auf jeden Fall fühlt man sich dick.

Das ist die Erfahrung.

Was würde man sagen, um diese Erfahrung zu beschreiben?

"Schokolade macht dick"

Genau das ist die Erfahrung und es ist gleichzeitig auch die Idee.

"Was? Das soll bloß eine Idee sein? Das stimmt doch auch!"

Ja und da haben wir genau das Problem mit der materiellen Weltsicht:

Die Welt ist so! Eine materielle Welt mit unabänderlichen Eigenschaften, denen der Geist - ob ihm das passt oder nicht - hilflos ausgeliefert ist.

Und mitten in dieser unabänderlichen Welt das vollkommen unlösbare Problem:

"Schokolade schmeckt soooooo gut und macht doch gleichzeitig soooooooooo dick!"

Das ist das Pech der Materialisten.

Experten können das natürlich bestätigen. Mit ihren Kalorienmessgeräten haben sie die Schokolade längst genaustens vermessen.

Und was Schokolade für die Zähne bedeutet, darüber wollen wir lieber gar nicht reden.

(Ich hoffe nur, das nimmt jetzt niemand ernst.)

Tatsache ist natürlich, dass verschiedene Menschen unterschiedlich auf Schokolade mit dick werden reagieren: Manche werden dick und manche nicht. (Auch das haben die Experten sicher untersucht.)

Und ob man jemand ist, der auf Schokolade mit dick werden reagiert und sich nach jedem Stück Schokolade fett und aufgeblasen fühlt oder man jemand ist, der Schokolade einfach genießt ohne auch nur ein Gramm davon zuzunehmen, das ist natürlich in den Genen festgelegt. Dazu kann ein Mensch nichts.

Oder vielleicht doch?

Wir sind jetzt direkt am Kern des Unterschieds der beiden Weltsichten angekommen:

Diese Dinge, denen wir als Erfahrung begegnen:

Haben sie etwas mit unserem Inneren zu tun? Haben sie vielleicht etwas mit unserem Verhalten zu tun und mit den Ideen, die wir für wahr halten?

Auch in einer materiellen Welt kann man schlank sein: "Dann iss eben keine Schokolade mehr!"

Materielle Weltsicht:

"Schokolade macht dick" Das ist halt eine Gesetzmäßigkeit. Da gibts nur zwei Möglichkeiten: dick sein oder auf Schokolade verzichten

(Der Geist muss sich nach der Materie richten.)

Geistige Weltsicht:

Ideen an die man nicht glaubt und auf die man infolgedessen auch nicht reagiert, verwirklichen sich auch nicht.

(Die Materie richtet sich nach dem Geist)

Also tu was du willst - falls du Schokolade essen willst, dann iss Schokolade - und kümmere dich nicht um die angeblichen Gesetzmäßigkeiten.

Das ist natürlich leichter gesagt als getan und deshalb hat dieses Buch noch eine Reihe von Kapiteln, die sich intensiv mit der Praxis einer geistigen Weltsicht beschäftigen.

Man sieht hier übrigens deutlich die Ideen in den verschiedenen Ebenen: die Idee in der Erfahrungsebene und die Idee in der Ziel-Ebene:

- Zielebene: "Ich möchte schlank sein"
- Erfahrungsebene: "Schokolade macht dick"
- Schlussfolgerung / Handeln: "Ich darf keine Schokolade mehr essen"

Die Blockierung von Erfahrung

Das Durchleben einer Erfahrung erhellt ihren Hintergrund

Es führt zu Erkenntnis, zu neuen Entscheidungen, zu neuen Möglichkeiten und Wegen und zu wirklichen Lösungen.

Das ist der Motor einer menschlichen Entwicklung, die wirklich funktioniert.

Es ist das Gegenteil von fruchtlosen Anstrengungen, die nichts bringen, außer dass das Problem noch größer wieder erscheint, sobald man auch nur einen Moment mal aufhört sich anzustrengen.

Aber die Erfahrung wird blockiert - auf vielfältige Weise:

- man wendet sich schnell etwas anderem zu
- man bringt sich auf andere Gedanken
- man fasst schnell einen Entschluss, um das schlechte Gewissen zu beruhigen
- warum soll man eine Erfahrung zulassen, die man doch eigentlich nicht haben will?
- man geht eine rauchen
- man setzt sich vor den Fernseher
- man ruft eine Freundin an, um sich mal richtig auszuquatschen
- man verspannt sich innerlich
- man meidet die Situation, obwohl sie eigentlich dem entspricht, was man will
- man dröhnt sich mit Musik zu

An dieser Stelle muss ein wichtiges Missverständnis vermieden werden:

Wenn davon die Rede ist, sich einer Erfahrung zu stellen, dann heißt das nicht, seine Aufmerksamkeit möglichst negativen Sachverhalten zuzuwenden.

Erfahrungen sind etwas, das von allein auf einen zukommt. Sie drücken. Sie wollen durchlebt werden. Sie drängen nach oben. Man muss sich anstrengen, sie davon abzuhalten, erfahren zu werden.

Genau das geschieht aber nahezu immer.

Es gibt folgende Blockade-Muster:

- Verdrängung: die Erfahrung wird schnell durch etwas anderes verdeckt oder verdrängt
- innere Widerstände: innere Blockaden hindern die Erfahrung daran abzulaufen bzw. durchlebt zu werden
- die Schnellschuss-Reaktionen: schnelle Entschlüsse oder Handlungen sollen Versäumnisse, die zu der Erfahrung geführt haben, schnell korrigieren
- der unmittelbare Versuch, die Erfahrung im Moment ihres Auftretens abzuändern oder zu verhindern.

Warum geht eine materielle Weltsicht mit der unmittelbaren und umfassenden Blockade von Erfahrung einher?

Materielle Weltsicht basiert eigentlich auf dem unmittelbaren Umgang mit Materie: Wenn ein Kind mit Bauklötzern spielt, dann lernt es genau diesen unmittelbaren Umgang mit der Materie. Fällt ein Bauklotz vom Turm herunter, dann stellt man ihn einfach wieder drauf. Wenn an einer Stelle der grüne Bauklotz nicht gefällt, dann ersetzt man ihn eben durch einen roten. Dieses direkte Korrekturschema wird auf die Ebene der Erfahrungen übertragen. Und dort funktioniert es aber nicht auf diese Weise.

Erfahrungen werden nicht auf der Erfahrungsebene korrigiert, sondern auf der Ideenebene. Und damit das möglich wird, müssen sie aber erst durchlebt werden.

Es lassen sich zwei grundlegende Fälle unterscheiden:

- die Blockierung der Erfahrung an sich: Sie verhindert vor allem, dass die Erfahrung hochkommen und durchlebt werden kann. Damit wird aber auch die Erkenntnis des Erfahrungshintergrundes verhindert
- das unmittelbare in die Erfahrung korrigierend oder Versäumnisse aufholend hineinhandeln

Beides sind unmittelbare Reaktionen auf die Erfahrung. Beides sind damit unmittelbare Reaktionen auf die Idee hinter der Erfahrung. Beides bedeutet, dass sich das Verhalten nach der Idee ausrichtet. Beides bedeutet, dass die Verwirklichung der Erfahrung vorangetrieben wird. Und das ist ja das Gegenteil dessen, was man eigentlich erreichen will.

Nun wird man feststellen, dass es kaum möglich ist, Blockade und Reaktion auf eine Erfahrung direkt abzustellen. (Und schon hat man das nächste Problem)

Es handelt sich dabei um einen Prozess, die unmittelbaren Blockade-Reaktionen auf eine Erfahrung immer mehr zu lockern und aufgeben zu können, während sich gleichzeitig ein Lösungsprozess von der Idee hinter der Erfahrung vollzieht.

Man könnte sagen, das "Ich" löst sich von der Idee. Die starke Identifizierung mit der Idee löst sich.

Je mehr man eine Erfahrung zulassen und hochkommen lassen kann, um so weiter ist der Prozess der Loslösung von der Idee vorangeschritten.

In dem Moment, wo man eine Erfahrung ganz vollständig und ohne jeden inneren Widerstand zulassen kann, ist gleichzeitig der Loslösungsprozess von der Idee vollständig vollzogen. Man ist dann nicht mehr gezwungen, die entsprechende Idee für wahr zu halten.

Kontrollverlust

"Was denn, ich soll auf unangenehme Erfahrungen gar nicht mehr reagieren? Dann geht doch alles erst recht den Bach hinunter!"

Der hier vorgeschlagene Prozess, Erfahrungen zuzulassen, anstatt sie direkt oder durch unmittelbare Reaktionen zu blockieren, geht mit dem Gefühl von Kontrollverlust einher:

Die Situation scheint außer Kontrolle zu geraten. Da muss man doch einfach etwas unternehmen.

Es geht aber gar nicht darum, nichts mehr zu unternehmen.

Es geht darum, eine andere Quelle des Handelns anzuzapfen.

Statt in wirkungslose Schnellschüsse und hektische Aktivität zu verfallen, geht es darum das zu tun, was tatsächlich zu Lösungen führt.

Falls es nötig ist, etwas zu tun. Denn oft besteht die Lösung auch darin, damit aufzuhören, etwas zu tun.

Der Mensch ist mehr als er denkt. Die menschliche Identität geht um Dimensionen über das hinaus, was der Mensch für seine Identität hält.

Und so ist es auch mit seinen Möglichkeiten.

Man könnte sagen

- das Handeln vor der Erfahrung und
- das Handeln nach der Erfahrung

Das Handeln nach der Erfahrung bezieht das Innere des Menschen mit seinen unglaublichen und weitgehend unbekannten Möglichkeiten mit ein.

Lösungen kommen kraft- und wirkungsvoll von innen.

Es ist eine andere Art zu handeln. Es ist eine andere Quelle des Handelns.

Das heißt nicht, dass es immer lange dauern muss. Blitzschnelle Reaktionen sind - wo das tatsächlich notwendig ist - eine Stärke des inneren Selbst (wie man die erweiterte Identität des Menschen auch nennen könnte). Aber dafür muss man vor allem eins: für seine Erfahrungen offen sein.

Kommen wir noch einmal auf unser Beispiel zurück:

"Schokolade macht dick"

Man hat mal wieder unvernünftigerweise Schokolade gegessen und die Erfahrung ist im Anmarsch: Man fühlt sich dick. Nun kommt das schlechte Gewissen ("Das war ein Fehler") und mit ihm die schnellen Entscheidungen und der schnelle Aktionismus:

- gute Vorsätze "Ich muss mir unbedingt vornehmen, keine Schokolade mehr zu essen" (Warum klappt das nur nicht?)
- gleich das nächste Fitnesstraining einplanen oder mal joggen gehen
- möglichst nicht hingucken ("Der Bauch ist ja so fett!")

All das tut man aber dieses Mal nicht, sondern man öffnet sich der Erfahrung. Nun passiert das Unvermeidliche: die Erfahrung verstärkt sich. Sie kommt hoch. Bisher wurde sie ja immer unterdrückt. Damit steigt natürlich der Druck, nun doch auf irgendeine Weise zu reagieren. Das tut man nach Möglichkeit aber nicht. Sondern man entspannt sich, öffnet sich weiter und gibt der Erfahrung so gut es geht immer mehr Raum sich zu entfalten.

Das heißt es, sich einer Erfahrung zu öffnen.

Die Entkopplung des Handelns von der emotionalen Situation

Das erklärte Ziel dieses Buches ist die Freiheit, tun und erreichen zu können, was immer man möchte.

Das bedeutet, man setzt seine Energie ein, um bestimmte Resultate zu erreichen. Der Energieeinsatz läuft über das Verhalten bzw. Handeln:

Verhalten => Resultate (Erfahrung)

Das Verhalten wiederum wird von Ideen bestimmt:

Ideen => Verhalten => Erfahrung

Dann gab es da noch die beiden Weltsichten: die geistige und die materielle Weltsicht.

Die materielle Weltsicht zeichnet sich vor allem dadurch aus, dass die Erfahrungen, die man tatsächlich erhält nicht unbedingt die sind, die man sich wünscht.

Deshalb hatte ich einen Wechsel zu einer geistigen Weltsicht vorgeschlagen.

Die beiden Weltsichten unterscheiden sich unter anderem dadurch, wie ein Mensch zu den Ideen gelangt, die am Anfang des oben dargestellten Prozesses stehen:

materielle Weltsicht:

Welt => Ideen => Verhalten => Erfahrung

Die Ideen werden aus Beobachtungen der Welt und entsprechenden Schlussfolgerungen daraus gewonnen.

Die Ideen sind im Ablauf der materiellen Weltsicht weitgehend unsichtbar. Man weiß nicht, dass man auf Ideen reagiert, weil man die Ideen für ein unumstößliches Merkmal der Welt hält. Der Prozess erscheint daher eher als:

Welt => Verhalten => Erfahrung

geistige Weltsicht:

Inneres Wissen => Ideen => Verhalten => Erfahrung

Die Ideen, die das Verhalten bestimmen, entspringen einem inneren Wissen.

Bleibt nur ein Problem: "Ich weiß überhaupt nix! Deshalb bin ich ja auch so auf äußere Regeln und Experten angewiesen."

Doch auch dieses Problem hatten wir schon gelöst:

Inneres Wissen entsteht, indem Erfahrungen tatsächlich durchlebt werden, indem innere Widerstände gegen Erfahrungen aufgegeben und kompensierende Handlungen eingestellt werden.

Der Wechsel von einer materiellen zu einer geistigen Weltsicht ist mit einer Entwicklung von einer Außenorientierung zu einer Innenorientierung verbunden.

Anstatt sich am Äußeren zu orientieren, an dem
- was andere sagen
- was Autoritäten sagen
- was Experten behaupten
- was wahr zu sein scheint
- was uns unsere Wahrnehmungen vorgaukeln
- was in Büchern steht
- was man an unüberprüften Annahmen über die Welt mit sich herumschleppt

beginnt man, sich am eigenen Inneren zu orientieren:
- was man will
- was man sich wünscht
- was man von innen heraus weiß (einfach so, ohne jeden Beweis)
- was man über Eingebungen und Einfälle erfährt
- was man selbst als wahr erkennt

Eine materielle Weltsicht ist vor allem auch geprägt von inneren Konflikten, die dadurch entstehen, dass ihre Ideen in einem erstaunlich großen Ausmaß nicht stimmen. Da man aber so felsenfest vom Wahrheitsgehalt dieser Ideen überzeugt ist, schreibt man die inneren Konflikte eher der eigenen Unzulänglichkeit zu, als ihre Ursache in den von außen kommenden Ideen zu sehen.

Inneres Wissen ist der Weg aus diesem Dilemma. Es bedeutet, ungeachtet allen äußeren Anscheins und aller Erfahrung zu wissen: "Das ist nicht, wie die Realität tatsächlich und ihrem Wesen nach ist. Das ist lediglich eine Erfahrung oder ein äußerer Anschein, der sich auch ändern kann, wenn man erkennt, wie die Realität tatsächlich ist."

Diese Orientierung bedeutet eine andere Quelle des Wissens zu entwickeln. Das geht natürlich nicht auf einen Schlag von heute auf morgen, sondern es ist ein Prozess.

Es geht dabei nicht um irgendein theoretisches Wissen, sondern um das Wissen, welches das Verhalten bestimmt.

Und das ist praktisch: Die Entwicklung von einer Außenorientierung zu einer Innenorientierung ist mit einer absolut tiefgreifenden Änderung in der Persönlichkeit verbunden. Das ist nicht etwas, für das man sich mal eben so entscheidet. Es handelt sich um einen total grundlegenden Wandel:

Das Handeln wird von der Situation entkoppelt und einer neuen Führung unterstellt.

Eine materielle Weltsicht ist vor allem dadurch geprägt, dass man immerzu reagiert:

Auf das was andere sagen, auf bestimmte Geschehnisse, auf bestimmte Entwicklungen, auf bestimmte Erfahrungen, auf das, was äußerem Anschein nach wahr zu sein scheint.

Und dieses Reagieren wird schrittweise eingestellt. Nicht von heute auf morgen. Es ist ein Prozess, der unter innerer Führung stattfindet. Es ist immer klar, welches die gerade relevanten Entwicklungsbereiche sind.

In einer materiellen Weltsicht folgt das Verhalten immerzu der Situation.

In einer geistigen Weltsicht wird das Verhalten von der Situation entkoppelt und das kehrt die Abhängigkeiten um:

Das Verhalten führt und die Situation beginnt zu folgen.

In einer sehr vereinfachten Darstellung sieht das so aus:

materielle Weltsicht: Situation => Verhalten

geistige Weltsicht: Verhalten => Situation

(Natürlich ändert sich die Situation nicht sofort und auf einen Schlag. Aber wenn man konsequent bei dem neuen Verhalten bleibt, dann hat sich die Situation irgendwann komplett umgestellt.)

Dabei muss man folgendes wissen:

In diesem Moment des Entkoppelns, wo das Verhalten plötzlich neue Wege geht und nicht mehr dem Diktat der Situation folgt, intensiviert sich die Erfahrung schlagartig. Und obwohl sich die Erfahrung intensiviert, öffnet man sich aber sogar noch für diese Erfahrung.

Das heißt, der Auslöser, auf den man vorher immer reagiert hat, verstärkt sich und damit auch der Druck, doch wieder in das alte Verhalten zu verfallen.

Das ist der ganz entscheidende Unterschied zwischen den beiden Weltsichten:

materielle Weltsicht:
1. Reaktion auf die Situation
2. Blockade der Erfahrung

geistige Weltsicht
1. nicht auf die Situation reagieren
2. sich der Erfahrung öffnen

Das Handeln entgegen der Materialisierung

Ich möchte jetzt einen geistigen Prozess beschreiben, der ein ganz wesentliches und grundlegendes Element von Änderungsprozessen in der Persönlichkeit ist.

Wir sprechen über einen Entwicklungsprozess von einer materiellen zu einer geistigen Weltsicht, weil nur so Probleme wirklich zu lösen und Grenzen wirklich zu überwinden sind.

Dieser Entwicklungsprozess ist *ganz praktisch* damit verbunden, das Verhalten von der Situation zu entkoppeln.

Das heißt, in einer Situation, in der man sich bisher immer auf eine bestimmte Weise verhalten hat, verhält man sich nun auf eine neue Weise.

Es geht also um eine Verhaltensänderung.

Im Moment der Verhaltensänderung - auch das wurde schon erwähnt - intensiviert sich die Erfahrung, die mit der Situation verbunden ist.

Es ist übrigens genau das auch der Schlüssel, um derartige Verhaltensänderungen überhaupt initiieren zu können: Falls es nämlich nicht möglich zu sein scheint, dann liegt es vielleicht daran, dass man die Erfahrung, die sich dadurch intensivieren würde, meidet.

Ich finde für diese Wendung den Begriff des *sich Stellens* sehr passend:

Man ändert sein Verhalten auf irgendeine Weise und wird dadurch ganz direkt mit einer intensivierten Erfahrung konfrontiert:
- sich einer Situation stellen
- sich einer Aufgabe stellen
- sich einer Angst stellen
- sich einer Wahrnehmung stellen
- sich einem Gefühl stellen

Das sich Stellen ist der Entschluss, sich mit etwas zu konfrontieren. Es leitet eine Phase ein, die ich *das Handeln entgegen der Materialisierung* nenne.

Das heißt, man handelt auf eine andere Weise, als es die Situation vorzugeben scheint.

In dieser Situation ist man möglicherweise mit recht starken Widersprüchen konfrontiert. Man hat ja das alte Verhalten nicht vergessen. Auch ändert sich die Situation nicht gleich.

Man hat vielleicht das Gefühl, das komplette Gegenteil dessen zu tun, was *eigentlich richtig ist* (was eben durch die Situation vorgegeben wird).

Es ist von größter Bedeutung zu verstehen, dass die Verhaltensänderung mit einer gleichzeitigen Öffnung für die Erfahrung verbunden ist. Denn instinktiv würde man vielleicht genau das Gegenteil tun: Die Erfahrung intensiviert sich und man drückt sie erst mal weg.

Indem man sich aber der Erfahrung öffnet beginnt ein innerer energetischer Prozess in Körper und Geist, der in einem höchst praktischen Sinne tiefgreifende Änderungen in der Persönlichkeit vollzieht.

Je mehr man sich dabei trotz aller Widersprüche entspannen kann, um so reibungsloser läuft der Prozess ab. Das kann man fühlen: Es laufen möglicherweise energetische Reaktionen im Kopf, im Körper oder auf der Hautoberfläche ab.

Dieser Prozess ist ein wesentliches Kennzeichen echter Veränderungen. Er wirkt sich auf mehreren Ebenen aus:
- die ursprünglichen falschen Ideen verlieren ihre Überzeugungskraft
- neue Ideen tauchen auf
- neue Wege und Möglichkeiten eröffnen sich
- neue Verhaltensweisen etablieren sich
- es kommt mitunter zu energetischen Durchbrüchen mit starken Energieschüben, großen Freudeausbrüchen und umfassenden Erkenntnissen

Aber bevor es zu all diesen positiven Wirkungen kommt, muss man jene Phase durchstehen, die ich *das Handeln entgegen der Materialisierung* nenne. Diese Phase fühlt sich vielleicht nicht sehr angenehm an. Sie hat vor allem das Ziel, eine möglichst vollständige Öffnung für die mit ihr verbundene Erfahrung zu erreichen.

Die richtige Trennlinie zwischen Erfahrung und Verhaltensänderung finden

Ich hatte den Prozess im letzten Kapitel als *das Handeln entgegen der Materialisierung* bezeichnet. Das ist der Begriff, der mir dazu intuitiv einfiel und er passt auch insofern, als man anders handelt, als es der Anschein der materiellen Welt vorzugeben scheint.

Gleichzeitig ist dieser Begriff aber auch missverständlich, denn man handelt nicht entgegen knallharten materiellen Tatsachen.

Sich der Angst vor dem Tod zu stellen bedeutet nicht, dass man dafür sterben muss und es bedeutet auch nicht, sich in eine reale Todesgefahr zu begeben. Es bedeutet, dass man sich in einer Situation, in der man sich bisher durch eine unsinnige und überflüssige Angst vor dem Tod einschränken ließ, nun nicht mehr einschränken lässt. Das heißt, man reagiert nicht mehr auf die scheinbare Einschränkung. Dadurch aber wird die Angst vor dem Tod (die unsinnige) erst recht nach oben gerufen. Man wird für eine gewisse Zeitspanne vielleicht das Gefühl haben "Das ist mein Ende" - nur um dann aber praktisch zu erfahren, dass es das doch nicht ist. Und damit ist man eine Begrenzung los. Sich der Angst vor dem Tod zu stellen bedeutet aber nicht, dort über die Angst hinauszugehen, wo sie einen berechtigten und notwendigen Schutz darstellt!

Warum erzähle ich das hier?

Es ging im letzten Kapitel um eine Verhaltensänderung, die einen sehr wirksamen Transformationsprozess einleitet:

Das Handeln folgt einem inneren Wissen anstatt dem Anschein der äußeren Welt. Diese Phase ist von dem Widerspruch geprägt, dass sich der Anschein der äußeren Welt aber noch nicht gleich ändert und man noch eine gewisse Zeit den Druck spürt, doch wieder in das alte Verhalten zurückzuverfallen. Gleichzeitig finden auf den verschiedensten Ebenen aber bereits tiefgreifende Änderungen statt.

Dieser Transformationsprozess ist aber überhaupt erst notwendig geworden, weil vorher eine bestimmte unerwünschte oder begrenzende Wirkung aufgebaut wurde. Er kehrt eine andere Entwicklung um.

Nun ist es aber so, dass je nachdem wie weit jener erste Prozess des Entstehens von unerwünschten Erfahrungen oder Begrenzungen fortgeschritten war, eine vollständige Umkehrung des Verhaltens - wie sie vielleicht das theoretische Ideal wäre - nicht möglich ist. Die Freiheitsgrade für die Verhaltensänderung sind dann eingeschränkt.

Das heißt allerdings nicht, dass man deshalb auf die Verhaltensänderung verzichten muss: Indem man konsequent die vorhandenen Freiheitsgrade nutzt, kehrt sich die Entwicklung um und die Freiheitsgrade nehmen wieder zu. Irgendwann wird sich auch die komplette Verhaltensänderung vollzogen haben.

Das hängt mit dem Grad der Materialisierung zusammen.

Wenn man eine bestimmte Idee lange Zeit für wahr hält, dann durchläuft sie einen Entwicklungsprozess:

1. Zuerst verwirklicht sie sich nur in den Gefühlen.
2. Dann kommen durchaus reale Erfahrungen hinzu, die aber noch nicht materiell untermauert sind.
3. Und schließlich treten materielle Wirkungen ein

Das ist toll, wenn die Idee zu Erfahrungen führt, die man sich wünscht.

Das ist weniger toll, wenn es sich um eine unerwünschte Erfahrung handelt.

Tatsache ist, dass in Phase 3 die Einschränkungen oder Probleme als materielle Tatsachen real geworden sind. Das bedeutet auch, dass sie das Verhalten ganz real beeinflussen und zwar auf eine Weise, aus der man vielleicht nicht einfach ausbrechen kann, ohne irgendeine Art von Crash zu produzieren.

Wenn hier davon die Rede ist, das Verhalten zu ändern - sich zu stellen - dann bezieht sich das nicht auf den Teil des Verhaltens der nun durch ganz reale materielle Tatsachen als Verhalten erzwungen wird: Reale materielle Grenzen schränken das Verhalten ganz real materiell ein.

Das ist wahrlich kein schöner Satz für ein Buch, das von Freiheit handelt und es ist auch keine schöne Tatsache für ein Ich, das angeblich unbegrenzt ist.

Wollen wir mal sehen, was da zu retten ist:

Genaugenommen sind die Phasen 1, 2, 3 (Gefühle, Erfahrungen, materielle Auswirkungen) keine Phasen, sondern Schichten, die sich nacheinander aufeinander aufbauen:

1. Zuerst sind da nur Gefühle
2. dann kommen Erfahrungen hinzu
3. dann kommen materielle Wirkungen hinzu

In Phase 1 und 2 verhielt man sich auf eine Weise, die noch nicht materiell erzwungen war. Man verhielt sich so aufgrund von bestimmten Annahmen.

In Phase 3 sind materielle Wirkungen da und nun muss man sich so verhalten, ob man will oder nicht.

Aber:

Entsprechend den Schichten 1 und 2 gibt es auch in Phase 3 immer noch ein Verhalten, das über die erzwungene Verhaltensänderung hinausgeht. Das heißt man handelt immer noch der Idee entsprechend in einem Ausmaß, das über den nun materiell bedingten Verhaltensanteil hinausgeht. Und das ist der Bereich des Verhaltens, den man jederzeit ändern kann und das ist auch der Teil des Verhaltens auf den sich der Begriff des *sich Stellens* bezieht.

Machen wir dazu ein Beispiel, das viele kennen (zumindest würde es viele Erscheinungen unserer gegenwärtigen Welt nicht geben, wenn es nicht viele kennen würden):

Man spart. Sparen ist hier nicht im Sinne von Vermögensaufbau und Geld anlegen gemeint, sondern im Sinne von *die billigere Variante kaufen* oder bestimmte Dinge, die man gerne hätte, gar nicht kaufen. Die Kehrseite dieser Art von Sparen ist, das man sich das nicht leistet, was man eigentlich gerne hätte.

Welche Annahme steht hinter diesem Verhalten?

"Ich kann mir das nicht leisten, was ich eigentlich will"

oder

"Ich habe nicht genügend Geld für die Dinge, die ich eigentlich gerne hätte"

"Gut" könnte man denken, "ich stelle mich dieser Idee, kehre das Verhalten um und kaufe mir eine Yacht."

Das wird wohl so nicht bei allen Menschen funktionieren - mich leider eingeschlossen.

Die Idee ist hier nicht nur eine Idee sondern auch eine materielle Tatsache, welche das Verhalten einschränkt.

Aber während man sich bestimmte Dinge tatsächlich nicht kaufen kann, verhält man sich immer weiter so in einem Bereich, in dem es nicht in dieser Form nötig wäre:

- Man kauft nicht das, was einem wirklich schmeckt, sondern das, was billig ist
- Man geht nicht da einkaufen, wo man sich wohl fühlt und wo es einem wirklich gefällt, sondern da, wo es am billigsten ist.
- Man kauft nicht die Markenhose, sondern eine, die nur die Hälfte kostet, und die aber nicht richtig sitzt und die nach einem halben Tag tragen an einem herumhängt wie ein alter Kartoffelsack.
- Man leistet sich nicht das Schmuckstück, um das man schon 10 Mal herumgeschlichen ist.
- Man kauft nur praktische und notwendige Dinge und nicht aber die sinnlosen, die wirklich Freude machen.

Und für all diese Dinge wäre durchaus das Geld da, aber man gönnt sie sich trotzdem nicht - weil man eben spart.

Sich zu stellen bedeutet nun, genau diesen Bereich des Verhaltens zu ändern.

Und indem man das aber tut, wird man mit einer Situation konfrontiert, in der das Befürchtete ganz real einzutreten scheint:

Man kauft sich eben doch die teure Markenhose und hinterher packt einen das schlechte Gewissen:

"Das war ein Fehler! Das treibt mich in den Ruin"

Diese Empfindungen können sehr real und sehr stark sein. Und deshalb ist es so wichtig, diesen Unterschied zu begreifen zwischen dem was sehr überzeugend wahr zu sein scheint und dem was - zumindest momentan - eine materielle Tatsache ist.

Es hat keinen Sinn gegen materielle Tatsachen anzukämpfen, aber da wo die Freiheitsgrade existieren, kann man den Prozess umkehren und die Freiheitsgrade werden sich vergrößern. Und irgendwann wird man vielleicht völlig überrascht feststellen, dass nun auch eine Yacht im Bereich des Möglichen liegt.

Ich nenne das *die richtige Trennlinie finden* zwischen Erfahrung und Verhaltensänderung - die richtige Trennlinie zwischen dem Bereich, wo es vor allem darum geht, sich zu öffnen und dem Bereich, wo es darum geht, mutig neue Wege zu beschreiten.

Man beachte dabei, dass auch Verhalten bzw. Handeln Teil der Erfahrung sein kann. Das heißt, es kann sein, dass es zu einer Erfahrung gehört, zu einem bestimmten Verhalten oder Handeln durch materielle Tatsachen gezwungen zu sein. Es ist durchaus nicht so, dass Erfahrung sich immer nur auf Gefühle und Ideen bezieht und dass man Verhalten beliebig ändern könnte.

Indem man sich dem aber öffnet, werden sich zunehmend die Lösungen zeigen.

Denn dass man ein bestimmtes Verhalten vorübergehend als gegebene Tatsache akzeptiert heißt nicht, dass man seinen Wunsch, es anders haben zu wollen, verleugnen muss.

Vielmehr kann man die Aufmerksamkeit konsequent auf die vorhandenen Freiheitsgrade richten, und das wird zu umfassenden Änderungen führen, die auch die scheinbar unumstößlichen materiellen Tatsachen betreffen.

Verhaltensänderungen haben auch ihren richtigen Zeitpunkt. Eine Verhaltensänderung, die heute noch absolut nicht möglich ist, kann wenige Wochen später schon völlig mühelos vonstatten gehen. Es ist ein Gesamtprozess, in dem sich Schicht um Schicht löst und klärt, um zu ihrer natürlichen Ordnung zurückzukehren.

Nachdem ich den unangenehmen Pflichtteil abgehakt habe darauf hinzuweisen, dass *sich stellen* nicht bedeutet, sinnlos gegen (vorübergehend) tatsächlich materialisierte Grenzen anzurennen und dabei aber gleichzeitig auf den dennoch vorhandenen Weg in die Freiheit deutlich hinwies, möchte ich nicht versäumen, noch eines klarzustellen:

Die tatsächlichen Freiräume für Verhaltensänderungen sind unendlich viel größer, als man denkt!

Es ist übrigens noch interessant für das Beispiel mit dem Sparen die Lösungsstrategien der beiden Weltsichten mal direkt nebeneinander zu sehen:

materielle Weltsicht: "Indem ich weniger Geld ausgebe, werde ich mehr Geld haben."

geistige Weltsicht: "Indem ich konsequent nach der Idee zu handeln beginne *"Ich kann mir das leisten, was mir wirklich wichtig ist"*, werden meine finanziellen Mittel wachsen. Ich werde mir immer mehr von dem leisten können, woran mir wirklich etwas liegt."

andere Variante:

materielle Weltsicht: "Ich muss für schlechte Zeiten vorsorgen"

geistige Weltsicht: "Es wird mir immer ausreichend Geld zur Verfügung stehen."

Krise und Transformation

Das *Handeln entgegen der Materialisierung* gibt es in verschiedenen Ausprägungen.

Der schönste Idealfall ist der:

Man hat ganz klar die Ursachen einer unerwünschten Erfahrung erkannt und kennt auch die neuen Ideen, welchen man sein Verhalten zukünftig folgen lassen wird. Man kennt in aller Klarheit die Lösung und sieht den Weg zu einer neuen Entwicklung vor sich. Zwar hat man noch eine Phase zu bestehen, in der die verwirklichten Erfahrungen noch nicht mit dem neuen Glauben übereinstimmen, aber das juckt einen nicht mehr, denn man ist sehr überzeugt davon, dass die neuen Ideen und das neue Verhalten auch zu neuen besseren Erfahrungen führen werden. Und das tun sie dann auch. Ich nenne diesen Prozess *die Transformation*.

Soweit so schön. Aber dahin muss man erstmal kommen. Was gerade beschrieben wurde beruht darauf, dass im Glaubenssystem Änderungen bereits vollzogen wurden, die lediglich noch nicht als Erfahrungen verwirklicht sind. Man wird zwar mit einer Reihe von

Gefühlen konfrontiert, die das alte Verhalten nahezulegen scheinen, kann sich dem aber leicht stellen. Die neuen Ideen sind bekannt und sehr stark.

Aber was ist, wenn die Änderungen im Glaubenssystem noch nicht vollzogen sind?

Dann ist man mit einer unerwünschten Erfahrung konfrontiert und weiß aber nicht so richtig, wo sie herkommt. Man kann zwar die Erfahrung vielleicht benennen und damit auch die Idee hinter der Erfahrung, aber das nützt einem nichts, weil es ist eben einfach als unangenehme Tatsache erscheint, von der man nicht im geringsten weiß, wie das verschwinden kann.

Und damit haben wir das andere Ende der Spanne von Ausprägungen dieses Prozesses: *die Krise*

Zunächst, was kann man tun? Wo ist die Verhaltensänderung?

Die Verhaltensänderung besteht darin, die unangenehme Erfahrung hochkommen zu lassen mit allem was dazugehört: Ideen, Gefühle, Wahrnehmungen, Handeln, zu dem man sich gezwungen fühlt usw.

Die Verhaltensänderung besteht darin, alles einzustellen, was die unangenehme Erfahrung blockiert, überdeckt, wegdrückt und vor allem auch den ganzen wirkungslosen Aktionismus - so wie man ihn als solchen erkennt.

Diese Phase ist deshalb so kritisch, weil man die Lösung noch nicht kennt.

Man lässt zu, das die Krise sich verschärft, ohne dass man weiß, wie man da wieder herauskommen soll.

Man traut sich in eine Situation hinein, aus der es zunächst keinen Ausweg zu geben scheint.

Das kann man eigentlich nur dann, wenn man sich klargemacht hat, dass hinter dieser Welt mehr steckt, als man denkt. Und dass man vor allem selbst sehr viel mehr ist, als man denkt.

Man gibt der Krise Raum in dem Wissen bzw. Glauben dass sie sich lösen wird.

Was man dabei vor allem tut:

Man hört auf, auf die Idee hinter der Erfahrung zu reagieren.

Obwohl die Krise sich im Empfinden verschärft, wird aber eine weitere Verwirklichung der unangenehmen Erfahrungen gestoppt. Die Erfahrung wird lediglich zunehmend in dem Maße empfunden, in dem sie bereits tatsächlich verwirklicht ist.

Man reagiert immer weniger auf die Idee hinter der Erfahrung, aber man kennt noch keine alternativen Ideen. Man stellt bestimmte Verhaltensweisen ein, aber man kennt noch keine neuen Verhaltensweisen.

Man lässt sich einfach in die Krise hineinrutschen, in dem Wissen, dass das Durchleben von Erfahrungen ihren Hintergrund erhellt.

Die Krise führt zur Erkenntnis, wenn man aufhört, ihre Entwicklung zu blockieren.

Und mit der Erkenntnis werden die neuen Ideen klar, zeigen sich Wege und Lösungen und dann beginnt der eigentliche Transformationsprozess, so wie ich ihn eingangs beschrieben habe.

Im Grunde sind es nur verschiedene Ausprägungen des gleichen Prozesses, aber sie fühlen sich verschieden an in Abhängigkeit vom Grad der Erkenntnis der dahinter steht.

Das gibt es natürlich in beliebigen Ausprägungen:

- Beide Prozesse können nahtlos ineinander übergehen, so dass sie kaum voneinander zu unterscheiden sind: Es stellen sich schrittweise neue Ideen und neues Verhalten ein.
- Die Lösung kann darin bestehen, einfach nur eine bestimmte Idee und ein bestimmtes Verhalten einzustellen. Es gibt gar keine neuen Ideen und auch kein neues Verhalten. Die Lösung besteht einfach nur darin, nicht mehr von der alten Idee überzeugt zu sein.
- In meiner Erfahrung wechseln sich die beiden Grundformen des Prozesses häufig miteinander ab, was auch daran liegt, dass die Lösung für eine Krise vielfach auf einer anderen Ebene liegt als die Krise selbst.
- Eine Krise kann sich ganz direkt in Wohlgefallen auflösen, ohne dass es noch einen anschließenden Transformationsprozess gibt.

- Und es kann zu Erkenntnissen kommen, ohne das dem eine Krise vorausgeht.

Daran ist interessant, dass in den verschiedenen Phasen dieser Gesamtentwicklung scheinbar völlig gegensätzliche Verhaltensweisen angesagt sein können.

Noch mal zurück zum Beispiel vom Anfang des Buches *"Die Welt im Chaos versinken lassen"*: Die Umkehrung des Prozesses immer größerer Hetzerei und Eile, um alles erledigt zu bekommen.

Der Transformationsprozess ist geprägt von bestimmten neuen Verhaltensweisen, von denen man weiß, sie werden irgendwann auch eine neue Erfahrung von Gelassenheit erzeugen:

- Man gönnt sich Pausen und Entspannung, auch wenn man das Gefühl hat, keine Zeit dafür zu haben.
- Man verhält sich in konkreten Situationen so wie man will, anstatt so wie es effektiv ist, obwohl man dabei das Gefühl hat, "wertvolle Zeit zu verlieren".
- Man erledigt die Dinge in aller Ruhe ohne sich treiben zu lassen, obwohl es einen noch treiben will.
- Man erledigt Dinge dann, wenn sie dran sind, anstatt sie gleich noch in den Feierabend vorzuziehen, damit man "morgen etwas mehr Zeit hat"
- Man erledigt eine Sache für sich zu Ende, anstatt gleich noch 10 Dinge "in einem Aufwasch" mitzuerledigen

All das beruht aber bereits auf geistiger Erkenntnis. Es werden neue Verhaltensweisen etabliert, nachdem einem einiges klargeworden ist.

Um zu solchen Erkenntnissen zu kommen, muss die Erfahrung aber erst einmal voll bewusst werden dürfen: die Erfahrung des Hetzens und sich beeilen Müssens, die Erfahrung des effektiv sein Müssens. Man konfrontiert sich mit der Erfahrung so gut man kann. Man stellt sich der Erfahrung, ohne jedoch schon eine Lösung dafür zu kennen.

Die Verhaltensänderung in der Krise ist vor allem davon geprägt, die schnellen wirkungslosen Aktionen, das verzweifelte Bemühen und jegliche Unterdrückung und Blockade einzustellen.

Das neue Verhalten nach der Verhaltensänderung bedeutet keinesfalls, das alte Verhalten zu blockieren. Das Verhalten zu dem man sich gezwungen fühlt, muss ablaufen dürfen, so lange man sich dazu gezwungen fühlt.

Die echten Lösungen bedeuten nicht, ein Verhalten zu blockieren. Die echten Lösungen sind klare Wege und Möglichkeiten, die man sieht.

Und das bedeutet auch, dass zu verschiedenen Zeitpunkten eines individuellen Entwicklungsprozesses völlig gegensätzliche Verhaltensweisen richtig sein können: In der Krise ergibt man sich der Hetzerei und in der Transformation durchbricht man die Hetzerei – nachdem die Krise zu bestimmten Erkenntnissen geführt hat.

So viel zum Ansinnen materieller Weltsicht, Menschen mit allgemeingültigen Verhaltens-Regeln beglücken zu wollen.

Denn nicht nur, was für den einen richtig ist, muss für den anderen nicht richtig sein, sondern auch, was für den einen zu einer Zeit richtig ist, muss für den gleichen zu anderer Zeit nicht richtig sein.

Geld verdienen - ein Beispiel

Ich verdiene mein Geld mit der Auftragsentwicklung von Software. Das heißt, ich setze die Software-Ideen anderer Leute in Software-Programme um. Das macht nicht immer Freude bzw. stellte ich irgendwann fest, dass es eigentlich überwiegend keine Freude machte und eher sogar sehr quälend war.

Ich schaute also nach den Ursachen:

"Problem erkannt!" stellte ich nach kurzer Zeit fest und hatte messerscharf geschlussfolgert:

"Arbeit macht keinen Spaß" bzw. "Geld verdienen macht keinen Spaß"

Welche Idee steht hinter dieser Erfahrung?

Folgende Idee: "Um Geld zu verdienen, muss ich etwas tun, das keinen Spaß macht. Denn mit dem, was mir eigentlich Spaß macht, kann man kein Geld verdienen."

"Kein Problem! Ich stelle mich der Sache und in kurzer Zeit ist es aus der Welt." dachte ich enthusiastisch und hörte einfach damit auf, Auftragsentwicklung zu machen und machte nur noch, was mir Spaß macht.

Was aber passierte, war folgendes: Ich geriet mehrmals an den unmittelbaren Rand des Ruins.

Immer in letzter Minute gelang es mir noch, das Ruder herumzureißen (diese Welt ist viel gutmütiger als man denkt).

Aber es brauchte immerhin drei Mal, ehe ich begriff: "So geht es nicht!"

Das war eine gute Gelegenheit, sich mit Existenzängsten auseinanderzusetzen - ich empfehle es aber dennoch nicht zur Nachahmung.

Ich stellte bei der Gelegenheit fest, dass es Gefühle gibt, die einen Menschen sicher vor Crashs bewahren. Voraussetzung ist eigentlich nur, für Gefühle offen zu sein. Ich hatte es ja darauf angelegt, die Grenze auszutesten und zu sehen, was denn nun tatsächlich passierte, wenn ich einfach dabei blieb, nur noch zu tun, was mir Freude macht und nichts mehr, das ich nicht will, nur fürs Geld verdienen. Doch je mehr ich auf den Punkt zusteuerte, an dem mein Geld alle war, um so stärker wuchs ein Gefühlsdruck, der zum Schluss wirklich kaum noch zum Aushalten war. Ich war es ja seit längerer Zeit gewohnt, mich Gefühlen zu stellen und zu öffnen und dachte zunächst "Das ist zwar ganz schön heftig, aber irgendwann bin ich durch."

Aber es hörte nicht auf. Und irgendwann war klar: "Da geht es nicht lang."

Ich musste also - ob ich es wollte oder nicht und ob es Spaß machte oder nicht - mit Auftragsentwicklung weitermachen. Diese Alternative war auch nicht viel besser, denn mittlerweile ödete es mich wirklich total an. Aber ich zog es durch:

- Ich arbeitete für Leute, die ich nicht leiden konnte
- realisierte Projekte, die ich für völlig sinnlos hielt
- ließ mir eigene gute Lösungen ausreden, um ziemlich schlechte Alternativen zu akzeptieren
- ließ mich völlig überflüssig unter Zeitdruck setzen

- und hörte mir an, wie Kunden meine Leistungen schlechtredeten

Es war erniedrigend, quälend und demütigend. Aber es war der einzige *gangbare Weg*.

Und es brachte die Lösung zum Vorschein (wie das eben immer passiert, wenn man sich einer Erfahrung wirklich stellt):

Ich erkannte die Stelle, an der ich auf die Idee reagierte

"Fürs Geld verdienen muss ich Dinge tun, die keinen Spaß machen"

in einer Weise, die gar nicht durch materielle Randbedingungen erzwungen war.

Ich überreagierte auf diese Idee über die echten materiellen Grenzen hinaus. Ich handelte nach Annahmen, die nicht einer materiellen Realität entsprachen und der geistigen Realität schon gar nicht.

Und zwar geschah das da, wo ich neue Aufträge annahm. In der Angst, ich könnte zu wenige Aufträge haben, nahm ich immer wieder Aufträge an, von denen ich schon im Vorhinein wusste, dass sie gar nichts für mich sind. Aber das war bei weitem nicht bei allen Aufträgen der Fall. Es gab nämlich auch eine ganze Reihe von Aufträgen, die mir richtig Spaß gemacht hatten. Das hatte ich aber vorher nicht gesehen, weil ich so auf die Tatsache fixiert war, dass es keinen Spaß macht. Ich hatte die "guten Aufträge" gar nicht mehr wahrgenommen. Und tatsächlich hatte es sich auch so zugespitzt, dass ich schon eine Zeit lang gar keine guten Aufträge mehr gemacht hatte. Es gab sie aber bzw. es hatte sie gegeben.

Die Lösung war also, bei der Auftragsannahme konsequent auszuwählen und mich dabei der Angst zu stellen, dass es finanziell deshalb nicht reichen würde. Immer wenn ich wieder mal einen Auftrag abgelehnt hatte, wurde ich mit der Angst konfrontiert, wieder in finanzielle Schwierigkeiten zu geraten. Es stellte sich aber das komplette Gegenteil heraus:

Ich begann, die schlechten Aufträge konsequent abzulehnen und das Seltsame war, die guten Aufträge nahmen ganz erstaunlich zu.

Mir wurde jetzt auch klar, dass ich, als ich mit Auftragsentwicklung ganz aufhören wollte, eigentlich vor der Erfahrung, dass es keinen Spaß macht, davongelaufen war.

Auftragsentwicklung machte also nun Freude - das war kein positives Denken, sondern sie machte wirklich Freude - es war eine der erstaunlichsten Wendungen meines Lebens.

Trotzdem geriet ich nach einiger Zeit in die nächste Krise:

"Es macht zwar Spaß, aber es ist definitiv nicht, was ich mir erträume - es ist nicht, was ich wirklich will"

Als nämlich mein Experiment, nur noch zu tun, was ich will, gescheitert war, hatte ich ganz damit aufgehört, das zu tun, was ich eigentlich am liebsten wollte, nämlich Bücher schreiben.

Ich hatte den Schluss gezogen, dass eben Auftragsentwicklung *mein Weg* sei und dass ich das endlich akzeptieren müsse, anstatt immer weiter mit dem Kopf gegen die Wand zu rennen.

Ich musste mich an dieser Stelle mit einer Frage auseinandersetzen, die sehr grundlegender Natur ist:

Hat der Mensch die Freiheit selbst zu entscheiden, was er tun möchte, entsprechend dem, was ihm als sein Willen in den Sinn kommt?

Oder ist der Weg des Menschen vorgegeben, durch Gott, die Seele, das Schicksal oder was oder wen auch immer?

Bedeutet Freiheit wirklich, das tun zu können, was man will?

Oder bedeutet Freiheit das tun zu wollen, was man sowieso tun muss?

Als mir das bewusst wurde, war gleichzeitig sonnenklar: So eine Idee wie die letztgenannte würde ich niemals - und auch nach Tausend Mal Scheitern nicht - akzeptieren und die Lösung lag so offensichtlich vor mir, dass ich mich wunderte, es nicht schon längst gesehen zu haben:

Seit die Auftragsentwicklung Spaß machte, waren mehrere Probleme meines Lebens ja gelöst und es gab genug Freiraum, noch nebenher ein bisschen Bücher zu schreiben.

Zwar konnte ich dem nicht meine komplette Zeit widmen, aber das ist eben die materielle Einschränkung, die vorübergehend zu akzeptieren war.

Ein Teil des Lebens mag Pflicht sein. Und es ist immerhin gut zu wissen und zu erfahren, dass der Pflichtteil seinen Schrecken verliert, wenn man sich ihm beherzt zuwendet, aber es gibt ihn immer: Den Teil des Lebens, der Freiheit bedeutet: Die Freiheit sich seinen eigenen kühnsten Träumen zuzuwenden.

Und noch ein anderer Irrtum klärte sich auf:

Sich der Erfahrung zu stellen "Mit dem, was ich wirklich will, verdiene ich kein Geld" bedeutet nicht, mit Auftragsentwicklung aufzuhören, sondern es bedeutet, mit dem was ich wirklich will - nämlich Bücher schreiben - anzufangen und zwar auch auf die Gefahr hin, dass es sich finanziell zunächst erst einmal gar nicht auszahlt.

Man beachte bitte bei diesem Beispiel den Unterschied zwischen Krise und Crash. Sich in eine Krise hineinfallen zu lassen bedeutet nicht unbedingt, einen Crash zu produzieren. Das ist ein komplexes Thema, das zudem noch sehr individuell ist:

- Sich in eine Krise hineinfallen zu lassen heißt in meiner Terminologie vor allem, sich mit der Tatsache zu konfrontieren, dass man für eine Sache, für die man gerne eine Lösung hätte, keine Lösung hat. Man bildete es sich nur ein, während man immer weiter völlig wirkungslose Dinge tat.
- Das natürliche Ende einer Sache (z.B. Beziehung, Job, Unternehmen) ist <u>kein</u> Crash.
- ein natürliches Ende zu ignorieren, führt regelmäßig zu Crashs (in Beziehungen, Unternehmen, Jobs)
- Das Ende eines Unternehmens, bei dem Menschen um hohe Geldsummen gebracht werden, ist zum Beispiel ein Crash. Es ist ein Ende, das lange verschleppt wurde.
- Crashs entstehen dadurch, dass vor bestimmten Entwicklungen immer weiter die Augen verschlossen werden
- Die Konfrontation mit einer Krise verhindert einen Crash vielfach.

- Die meisten Krisen haben mit Crashs ganz und gar nichts zu tun und sind einfach nur (vorübergehend) unlösbare emotionale Situationen.
- Einen Crash, der als Erfahrung ansteht verhindern oder aufhalten zu wollen, ist nicht sinnvoll. Wenn ein Crash einmal als Erfahrung da ist, dann heißt es, sich dem Crash zu stellen.

Magie sehen lernen

Wenn man diese Verhaltenswechsel vollzieht - und zwar die, welche als echte Lösungen erkannt wurden - dann geschieht es ziemlich häufig, dass sich sehr schnell und erstaunlich materielle Wirkungen zeigen.

Die materielle Weltsicht führt leider dazu, dass man sie sehr leicht als Einbildung abtut, weil *sie eigentlich gar nicht sein können*.

Zum Beispiel nach Änderung bestimmter Verhaltensweisen im finanziellen Bereich:

- Rechnungen fallen kleiner aus, als man dachte
- man schaut aufs Konto und wundert sich, dass da viel mehr drauf ist, als man eigentlich erwartet hatte
- ein unerwarteter Geldeingang
- gleich noch ein gut bezahlter Auftrag

Man ist es nicht gewohnt, die Welt auf diese Weise zu sehen. Alle Erscheinungen, die sich nicht durch Formeln und Gesetze begründen lassen, werden einfach ausgeblendet. *Man hat sich halt getäuscht. Es wäre ohne die Verhaltensänderung natürlich alles ganz genauso gekommen.*

Aber diese Welt ist keine materielle Welt. Es ist eine geistige Welt mit ein paar materiellen Strukturen, die eigentlich auch noch geistiger Natur sind.

Probleme

Ein Problem ist eine unerwünschte Erfahrung, die man gerne weg haben würde. Aber entweder funktioniert nicht, was man als Lösungsweg ansieht oder man weiß gar keinen Lösungsweg. Vielleicht unternimmt man große Lösungsanstrengungen. Vielleicht verfällt man auch nur in irgendeinen hilflosen Aktionismus. Vielleicht unternimmt man auch gar nichts und das Problem verschärft sich aber trotzdem.

Das hängt damit zusammen, dass der tatsächliche Hintergrund des Problems nicht bekannt ist.

- Entweder denkt man, das Problem ist einfach so über einen gekommen, vollkommen zufällig und ohne das es irgendeinen Zusammenhang zu einem selbst gibt und nun hat man den Salat und muss irgendwie damit klarkommen. Beispiel: "Ich vertrage dieses oder jenes Nahrungsmittel plötzlich nicht mehr"
- Oder man sieht sich selbst als Verursacher, aber nicht auf die richtige Weise. Beispiel: "Ich habe so Rückenprobleme, weil ich nicht genügend für meinen Rücken getan habe"

Wir schauen uns zunächst das zweite Beispiel ausführlich an:

Sitz gerade!

Als ich ein kleiner schnell wachsender Junge war, sah man ein besonderes Problem in meiner Wirbelsäule, weil man der Meinung war, Wirbelsäulen könnten nicht so schnell wachsen wie schnellwachsende kleine Jungs oder vielleicht war es auch umgekehrt und die Wirbelsäule wuchs schneller als ich - ich weiß das nicht mehr so genau.

Tatsache war, dass wohlmeinende Menschen in meiner Umgebung sehr darauf bedacht waren, mir trotz derart widriger Umstände ein sorgenfreies Leben zu ermöglichen. Und deshalb mahnten sie mich bei jeder Gelegenheit "Sitz gerade!", "Sonst bekommst du Rückenprobleme."

Dass ich in "Betragen" nie eine 1 hatte, lag wohl eher daran, dass Jungen aus Prinzip in Betragen keine Einsen bekommen konnten als an mir, denn von meinem bewussten Verstand her mühte ich mich bis zum Umfallen, allen von außen an mich herangetragenen Anforderungen in vorbildlicher Weise gerecht zu werden.

So auch wenn wieder einmal die Aufforderung ertönte "Sitz gerade!" oder "Lümmel nicht so herum!". (Als würde das noch nicht genügen, kam später auch noch ein "Geh gerade!" hinzu.)

In der Folge versuchte ich möglichst oft daran zu denken und stellte zu meinem Erschrecken fest, dass mein Körper von alleine so gut wie nie gerade dasaß (und auch nicht gerade ging). Um alles musste man sich selber kümmern!

Ich setzte mich also, immer wenn ich daran dachte, möglichst aufrecht hin. Das war Scheiß-unbequem. Egal, ich tat es trotzdem.

Leider hielt es meistens nicht lange vor.

(Kennen Sie eigentlich auch den Effekt, dass alle bequemen Sitzhaltungen falsche Sitzhaltungen sind?)

Tatsache ist, dass meine Versuche gerade zu sitzen einen der aussichtslosesten Kämpfe meines Lebens darstellen, der haushoch verloren wurde. Und eines können Sie mir gerne glauben: Wenn ich mich um etwas bemühe, dann tue ich es gründlich. Trotzdem, es hatte keinen Zweck.

Als ich alt genug war, den "Sitz Gerade"-Aufforderungen zu entkommen, ging es aber weiter: Rückenschule, Krankengymnastik, Gesundheitsbroschüren zum Thema Rücken, spezielles Krafttraining im speziellen Fitnessstudio (endlich mal ein Wort mit drei gleichen Buchstaben hintereinander), sogar Rückengymnastik direkt am Arbeitsplatz. Der Kampf gegen die Nachlässigkeit des körpereigenen Verhaltens durfte nicht ruhen.

Zum Glück bin ich dabei nicht allein. Die Initiative "Rettet die Wirbelsäule" ist eine ganze Volksbewegung.

Und die Praxis zeigt, dass man das Problem gar nicht ernst genug nehmen kann: Bandscheibenvorfälle, wohin man schaut und wer keine Rückenschmerzen hat, nimmt wahrscheinlich Schmerztabletten.

(Liebe Krankenkassen-Monatszeitschrift-Redakteure! Dieser Text war ironisch gemeint - als Zitat-Quelle für die nächste Gesundheitskampagne nicht geeignet!)

Folgende Fragen möchte ich an dieser Stelle dennoch aufwerfen:

Sind Rückenkrankheiten deswegen so verbreitet, weil wir uns noch nicht genügend anstrengen?

Oder sind sie es gerade weil wir uns so sehr anstrengen?

Oder ist der Mensch ganz einfach degeneriert und mit einem Körper ausgestattet, der den harten Anforderungen des Erdenlebens nicht gerecht wird?

Die Verwirklichung einer Idee als Erfahrung

An diesem Beispiel sieht man perfekt eine ganze Reihe von Zusammenhängen:

Zunächst das Problem:

Rückenschmerzen!

Die Problemlösungsstrategie einer materiellen Weltsicht:

"Du musst mehr für deinen Rücken tun."

Schauen wir uns sozusagen unter dem Verhaltens-Mikroskop an, was ganz genau geschieht:

Es gibt bestimmte Auslöser, die zu bestimmten Reaktionen führen.

Auslöser:
- man erwischt sich beim "falschen Sitzen"
- man spürt einen Rückenschmerz
- man wird auf irgendeine Weise mit der Moralpredigt eines Gesundheits-Aktivisten beglückt (der natürlich ein Experte ist)
- man bekommt eine Aufklärungs-Broschüre in die Hände

Reaktionen:

- man setzt sich "richtig" hin
- man kauft ein dreieckiges Keilkissen
- man macht einen guten Vorsatz
- man meldet sich zu einer Rückenschule an
- man macht schnell eine kleine Übung
- man lenkt sich irgendwie ab

Wir vollziehen jetzt praktisch den Ebenenwechsel von dem schon die Rede war, von der Resultat-Ebene zurück zur Erfahrungsebene:

Die Resultatebene ist direkt über die Erfahrung hinweggesprungen und hat sofort reagiert mit dem Ziel, die Rückenschmerzen ganz schnell irgendwie wegzumachen.

Die Erfahrungsebene ist

Rückenschmerz?

Nein, das ist nicht die Erfahrungsebene. Das ist lediglich der Auslöser.

Die Erfahrungsebene ist

"Ich schade durch mein Verhalten meinem Körper"

Was ist der Unterschied zwischen Auslöser und Erfahrung?

Die Erfahrung beinhaltet Auslöser, Gefühl und Idee. Der Schwerpunkt liegt hierbei auf dem Gefühl. Das Gefühl ist der Schlüssel zur Erfahrung: Da ist nicht nur der Rückenschmerz, sondern da ist vor allem auch das Gefühl, das er auf den Plan ruft: Das Gefühl des Versagens. Das Gefühl unzulänglich gewesen zu sein. Das Gefühl, es verbockt zu haben und jetzt die Quittung zu kassieren.

Die Erfahrungsebene wird meistens nicht gesehen, weil sofort der Sprung in die Ziel-Ebene erfolgt: "Ich muss mich mehr anstrengen, mein Verhalten zu ändern."

Aber die Erfahrungsebene ist "Ich schade durch mein Verhalten meinem Körper".

Das ist die Erfahrung und das ist gleichzeitig die Idee dahinter. Denn die Erfahrung ist ja die Verwirklichung der Idee.

Die Idee war aber zuerst da - lange bevor es überhaupt eine Erfahrung gab. Die Idee stand am Anfang.

Und dann wurde auf diese Idee immer und immer wieder reagiert.

Dadurch beginnt sich die Idee als Erfahrung zu verwirklichen:

Irgendwann taucht der erste Rückenschmerz auf. An dieser Stelle steht noch keine materielle Veränderung dahinter. Es ist lediglich ein Phänomen, das der Körper einfach so produziert.

Die Erfahrung bestätigt aber die ursprüngliche Idee und führt zur Verstärkung der Anstrengungen. Und die Idee verwirklicht sich weiter als Erfahrung. Früher oder später kann es dann tatsächlich zu materiellen Wirkungen in Form von echten Schäden der Wirbelsäule kommen.

Es gibt einen Entwicklungsprozess der Verwirklichung der Erfahrung

- zuerst reagieren nur die Gefühle auf die Idee
- dann kommt es zu Erfahrungen, die noch nicht wirklich materiell begründet sind
- und schließlich auch zu materiellen Auswirkungen, die sich auf der Erfahrungsebene dann natürlich sehr intensiv auswirken

Man sieht hier sehr deutlich die Entwicklung einer negativen Spirale: Die Erfahrung bestätigt die Idee und führt zur Verstärkung der Reaktionen. Das intensiviert die Erfahrungen und führt zu einer noch weiteren Verstärkung der Reaktionen. Das treibt wiederum die Verwirklichung der Erfahrung noch weiter voran.

Und noch etwas wird deutlich:

Die Reaktionen sind eine direkte Fortsetzung des Verhaltens, welches das Problem überhaupt erst erzeugt hat.

Denn am Anfang war nur die Idee: "Sitz gerade! Sonst bekommst du einen schlechten Rücken" Da steckt die Idee schon ganz exakt drin: "So wie du sitzt, schadest du deinem Rücken" oder eben "Du schadest deinem Körper".

Aber schon auf diese Idee wurde reagiert.

Ich möchte das hier noch mal in aller Klarheit herausstellen, weil das so wichtig ist:

Wenn die Erfahrung sich einmal verwirklicht hat, scheint das Verhalten immer eine Reaktion zu sein. Aber die Idee war zuerst da!

An irgendeinem Punkt wurde auf die Idee reagiert, als es noch gar keine Erfahrung gab.

Weil man die Idee für die Wahrheit hielt - eine in irgendeiner Weise von außen herangetragene Wahrheit.

Sich stellen

So klar, wie ich die Zusammenhänge im letzten Kapitel geschildert habe, sieht man sie zunächst natürlich nicht. So klar werden sie aber, wenn man beginnt, sich für die Erfahrung zu öffnen:

- Zuerst öffnet man sich für die negative Erfahrung an sich.
- Dann beginnt man die Reaktionen auf die Erfahrung zu sehen und stellt sie schrittweise ein: Keine Korrektur von Sitzhaltungen, keine guten Vorsätze, keine Rückenkurs-Anmeldungen, keine Gymnastik-Übungen aus schlechtem Gewissen heraus.
- Das lässt die Erfahrung erst recht hochkommen. Und nun heißt es, sich der Erfahrung weiter zu öffnen und möglichst in die Situation hineinzuentspannen. Wie schon erwähnt, geht das vielleicht nicht sofort ganz perfekt. Es beginnt jetzt der Loslösungsprozess von den zugrundeliegenden Ideen und mit diesem Loslösungsprozess, kann man immer besser auf die Reaktionen verzichten und sich immer weiter öffnen.
- Man schwimmt jetzt deutlich gegen den Strom: Obwohl da Rückenschmerzen sind, obwohl einem jeder raten würde "Geh in die Rückenschule" und obwohl alle anderen Menschen das tun, tut man genau das nicht. (Außer man möchte es gern.) Denn es ist schließlich auch das, was man schon die ganze Zeit getan hat und die Rückenschmerzen sind trotzdem da. Wie kann es dann die Lösung sein?

Sich stellen kann bedeuten, sich in eine Situation hineinzutrauen, für die es zunächst keine Lösung zu geben scheint bzw. schon gar nicht auf diese Weise (bei der man nicht ganz schnell irgendwas unternimmt). Es bedeutet, sich ganz direkt mit einer Situation zu konfrontieren, die scheinbar unlösbar und aussichtslos ist.

Und das erschafft die Lösung.

Was bedeutet das für das Rücken-Beispiel?

Das Durchleben einer Erfahrung erhellt ihren Hintergrund.

Das Durchleben der Erfahrung ist die unmittelbare Konfrontation mit "Ich schade meinem Rücken."

Es klären sich dadurch mehrere Ebenen. Man beginnt die auslösende Idee zu sehen und auch, wie sie zustande kommt:

Der Hintergrund ist die Annahme, unser Körper könne nicht richtig für sich selbst sorgen:

So wie unser Körper sich verhält, wenn er nicht von rationaler Ebene streng kontrolliert, überwacht und korrigiert wird, zerstört er sich über kurz oder lang selbst.

Das ist eine sehr typische Annahme einer materiellen Weltsicht: Was will man auch erwarten, von einem Körper, der sich durch reinen Zufall durch ein paar günstige Konstellationen aufgrund von Naturgesetzen aus toter Materie entwickelt hat? Nicht viel natürlich.

Aber stimmen sie denn, die Grundlagen einer materiellen Weltsicht? Zum Glück nicht.

Der Körper kann sehr wohl für sich selbst sorgen. Sich selbst überlassen, kommt er ganz hervorragend klar, während man auf rationaler Ebene Kapazität freibekommt für das Wesentliche.

Das ist ein sehr typisches Muster der Entwicklung, über die wir hier sprechen:

Die Ebene des rationalen Verstandes, die Ebene des Alltags-Ich oder auch die Ebene des Egos wird in einer materiellen Weltsicht total überlastet mit Aufgaben, die da nicht hingehören. Das hat natürlich die Kehrseite, dass für die Aufgaben, die auf dieser Ebene eigentlich tatsächlich wahrgenommen werden müssten, keine Kapazität mehr bleibt.

Im Rahmen des hier beschriebenen Entwicklungsprozesses fallen die Dinge in ihre natürliche Ordnung zurück: Der Körper regelt das, was seine Aufgabe ist und auf rationaler Ebene kann man sich dem Wesentlichen widmen oder einfach ein bisschen das Leben genießen. Es gibt in diesem Prozess zwei Arten von Verhaltensänderungen:

- Das Einstellen der Reaktion
- Und nach der Erkenntnis etabliert sich möglicherweise ein neues Verhalten. Das muss aber nicht sein. Oft genug ist die Lösung von Problemen auch, einfach gar nichts mehr zu tun.

Für das Rücken-Beispiel sind die Lösungen natürlich höchst individuell von Mensch zu Mensch verschieden. Diese Entwicklung beinhaltet den Fall nicht mehr, dass man sich von einem anderen sagen lässt, was für einen selbst das Richtige ist. Man muss es für sich selbst allein herausfinden:

- Der eine findet vielleicht heraus, dass er sich mehr bewegen möchte: Aber nicht in einer langweiligen Rückengymnastik mit Übungen die wehtun, sondern beim Tanzen, Schwimmen oder Wandern.
- Ein anderer erkennt vielleicht, dass er seinem Rücken aus falschen Vorstellungen heraus schon seit Jahren bestimmte Stellungen nicht mehr erlaubt hat. Indem er sich nun befreit diese Stellungen langsam und schrittweise wieder erlaubt, stößt er vielleicht zunächst auf Blockaden und Schmerzen, aber er weiß, dass es Schmerzen sind, die Heilung bedeuten und Blockaden, die sich durch geduldiges Hinein-Entspannen nach und nach auflösen.
- Und wieder ein anderer findet heraus, dass er sich um dieses ganze Thema ganz einfach überhaupt nicht mehr kümmern muss.

Entscheidend ist in diesem ganzen Prozess vor allem auch immer, was man eigentlich *will*.

Das Unnatürliche, Aufgesetzte, Erzwungene ist wohl eher nicht das, was man will.

Das Einfache, Natürliche, Entspannte - das schon eher.

Die eigentliche Lösungsebene

Gerade haben wir darüber gesprochen, dem Körper nicht rational irgendwelche Haltungen aufzudrücken, sondern ihm sein natürliches Verhalten zu erlauben.

Es gibt aber einen Grund dafür, warum die Sache mit der Haltung ursprünglich mal zum Thema wurde. Inzwischen hat sich das aber verselbstständigt. Die Mehrzahl aller Rückenkrankheiten hat mit dem ursprünglichen Problem gar nichts mehr zu tun, sondern nur noch mit der Vorstellung, dem Körper auf die Sprünge helfen zu müssen.

Aber es gab mal einen Auslöser für diese Entwicklung, der allerdings in einer völlig anderen Ebene liegt und der auch nur in der Ebene korrigiert werden kann, in der er auch entstanden ist:

Manche Menschen haben eine schlaffe oder gebeugte Haltung

- wegen Energiemangel
- der Last von Problemen und Sorgen
- mangelndem Selbstbewusstsein

Der Körper drückt hier die emotionale und energetische innere Situation aus. Das korrigiert sich von alleine, wenn Menschen anfangen, ihr Leben in Ordnung zu bringen, die Probleme zu lösen, ihre Fähigkeiten einzusetzen und Erfolg zu haben.

Die üblichen Anstrengungen, das Problem zu beheben, können keinen Erfolg haben, weil die Ursachen in einer ganz anderen Ebene liegen.

Die verschiedenen Ideen-Ebenen

Am Beispiel "Sitz gerade!" sieht man perfekt die verschiedenen beteiligten Ideenebenen:

- die Objektebene, die Ebene der Materie: Rücken, Wirbelsäule, Rückenschmerzen
- die Erfahrungsebene: "Ich schade durch mein nachlässiges Verhalten meinem Rücken."
- die Ebene der Weltsicht: Benötigt der Körper rationale Kontrolle, um gesund zu bleiben?

Vorauseilendes Handeln (Problemschemas)

Es gibt eine ganze Reihe von verschiedenen Problemschemas - also von Mustern, die zur Entstehung von Problemen führen.

Das Rücken-Beispiel könnte man einem Schema zuordnen, das aus falschen Vorstellungen über den Körper resultiert und dazu führt, dass die rationale Ebene sich Aufgaben aufhalst, die nicht ihr Ressort sind und die sie auch gar nicht lösen kann. Deshalb entsteht ja dann auch das Problem daraus.

Die gegenwärtig große Wellen schlagende Schweinegrippe ist einem anderen Muster zuzuordnen:

- Lange bevor es die Schweinegrippe überhaupt gab, schon Jahre vorher, wusste der Mensch: "Da kommt was Schlimmes auf uns zu". Nicht alle Menschen wussten es, aber die Experten wussten es: "Die Menschheit kann von Pandemien befallen und dabei dezimiert werden." Man muss dabei klar sehen, dass es über Jahrzehnte hinweg aber nichts dergleichen gegeben hatte - außer der Annahme, dass das passieren könnte. Es war zu diesem Zeitpunkt kein Phänomen, mit dem die gegenwärtige Menschheit praktisch und real konfrontiert war.
- Als es ein paar ganz wenige Fälle gab, wusste man wiederum schon: Das verbreitet sich um die ganze Welt.
- Als es eine völlig harmlose Grippe war, die sich in ihrem Verlauf in keinster Weise von anderen Grippen unterschied, wusste man aber schon: Der Virus wird mutieren und einen viel schwereren Krankheitsverlauf verursachen.

Außerdem geht eine völlige verzerrende Sichtweise damit einher:

"Schon 2000 Fälle in Deutschland"

Dieses Land hat Grippewellen überstanden, von denen in den Abteilungen mancher Betriebe ein Viertel aller Mitarbeiter betroffen waren. Selbst wenn man das sehr vorsichtig hochrechnet, sind das mindestens etliche Hunderttausend Fälle. Und bei der Schweinegrippe zettelt man eine Hysterie an wegen ein paar Tausend Fällen?

Was ist das für eine Erfahrung?

"Der schlimmste anzunehmende Fall tritt ein." oder "Die Entwicklung wird einen negativen Verlauf nehmen"

Nun ist natürlich die Frage, warum kann man nicht annehmen, dass es positiv verläuft? Warum kann man nicht davon ausgehen, dass das Problem einfach eine harmlose Krankheitserscheinung ist, die sich einfach so wieder erledigt?

Dafür gibt es zwei Gründe:

1. Materielle Weltsicht: Naturgesetze, Zufälle, tote Materie: Da gibts nur eine Entwicklungsrichtung: nach unten. Außer die Menschheit mit ihren Experten rettet mal wieder die Welt.

2. Da man annimmt, dass diese Geschehnisse unabhängig und isoliert vom eigenen Geist ablaufen und mit einem selbst auch nicht das Geringste zu tun haben, versucht man sich gegen den schlechtestmöglichen Fall zu wappnen. Man versucht sich abzusichern. Damit wird man aber natürlich aktiv. Man beginnt seine Energie einzusetzen. Bloß, wofür setzt man sie ein?

Dieses sich absichern gegen alles Mögliches, was vielleicht eintreten könnte ist ein grundlegendes Phänomen einer materiellen Weltsicht. Es führt zu Aktionismus, zu Verspannungen, zu unsinnigen Ängsten. Es bindet absolute Unmengen an Energie.

Es spricht ja nichts dagegen, ein paar sinnvolle, einfache, entspannte Vorkehrungen zu treffen. Aber dieses, *die Weltentwicklung kontrollieren und vor dem Schlimmsten bewahren wollen*, erreicht mit Sicherheit das Gegenteil dessen, was sie zu beabsichtigen vorgibt.

Und es ist so überflüssig:

Diese Welt ist ein geistige:
- Die Vorgänge dieser Welt sind geistigen Ursprungs.
- Die Vorgänge dieser Welt haben einen Sinn
- Eine Entwicklung zum Positiven ist der Normalfall (Es sei denn man erschafft mit großen Anstrengungen das Gegenteil)

Liebe Experten! Was bitte schön soll denn folgende Aktion?:

"Die Experten warnen vor einer dramatischen Entwicklung. Ein Virologe führt weiter aus ..."

Was soll das? Warum tut man das? Was kann damit erreicht werden? Welchem Zweck dient das?

Weil die Menschheit informiert werden muss? Welchem schöpferischen Zweck dient es, derartige Meldungen, in die Welt zu setzen?

Was geschieht tatsächlich?

Der einzelne Mensch, der kein Experte ist, liest das und wird in folgende Situation versetzt:

Er wird mit einer Gefahr konfrontiert, gegen die er absolut überhaupt nichts tun kann. Außer in einen sinnlosen Aktionismus zu verfallen: Er trifft seine Freunde nicht mehr, küsst seine Kinder nicht mehr, macht einen Bogen, um seine Arbeitskollegen. Plagt sich mit nicht enden wollenden Gedankenschleifen, die dieses Problem lösen wollen, aber nicht können.

Und ehe sich die Experten anderer Gebiete hier sträflich übergangen fühlen:

"Das Schlimmste steht uns in der Wirtschaftskrise erst noch bevor"

ist auch nicht besser!

Das Wesentliche ist an diesem Problemschema das vorauseilende Handeln:

Es wird Energie eingesetzt für einen fiktiven Fall, den es noch gar nicht gibt und für eine fiktive Entwicklung, die noch gar nicht eingetreten ist.

Die Vorstellung des Menschen kann beliebige negative Szenarien erzeugen und sich dann einbilden, darauf reagieren zu müssen.

Man reagiert auf Befürchtungen,

- nicht wahrnehmend, dass die Befürchtungen keine Tatsache sondern eine Folge bestimmter Annahmen sind (die vielleicht nicht stimmen)
- und die Tatsache ignorierend, dass diese Art von vermeidendem Handeln sowieso nicht funktionieren würde: Es wäre - wenn die Welt tatsächlich voller all dieser Gefahren wäre - völlig unmöglich, sich gegen das alles abzusichern.

Das vorauseilende Handeln muss hier auch ganz klar unterschieden werden von einem Handeln, das vielleicht in einem ganz praktischen Sinne dann notwendig ist, wenn sich bestimmte Entwicklungen tatsächlich materialisiert haben.

Entwicklungsprozesse

Während ich hier sitze und schreibe, kommen allerlei Wahrnehmungen auf mich zu:

- "Du hast dich schon wieder in Details verzettelt"
- "Du bringst zu wenig Beispiele"
- "Die Gesamtstruktur ist schlecht gewählt"
- "zu viele Wiederholungen"
- "Fang besser noch mal neu an" (Was, zum 10. Mal?)

Es zerrt an mir und möchte, dass ich reagiere - dass ich mein Schreiben unterbreche, und die Mängel behebe.

Würde ich das tun, dann wäre das die Geburtsstunde einer ganzen Reihe von Problemen.

Ich würde beginnen, mich anzustrengen, alle die Fehler zu beheben. Ich würde aber vielleicht niemals fertig damit.

Die Alternative ist, dem natürlichen Fluss meines Schreibens zu vertrauen, so wie er sich ganz spontan zeigt und wie er eben meinen momentanen Entwicklungsstand repräsentiert.

Man muss hier folgendes sehen: Einige dieser Wahrnehmungen stimmen vielleicht und andere aber nicht. Und sehr wahrscheinlich stimmen sie nicht in der Form, wie ich sie wahrnehme.

Indem ich darüber hinweggehe, ohne darauf zu reagieren - aber auch ohne mich diesen Wahrnehmungen zu verschließen - wird ein Entwicklungsprozess über *die andere Ebene* in Gang gesetzt:

- Die Probleme, die gar keine sind, die ich mir vollständig einbilde, werden verschwinden
- Für die Dinge, welche tatsächlich verbesserungswürdig sind, werden sich ganz spontan und natürlich Änderungsmöglichkeiten zeigen

- Ich werde fähig, den gegenwärtigen Entwicklungsstand mit allen Unvollkommenheiten zu akzeptieren. Denn perfekt ist es sicher niemals. Und das wird es auch nicht, wenn ich mir den Fluss meines Schreibens vermasseln lasse und ständig herumkorrigiere.

Viele Probleme entspringen falschen Vorstellungen über Entwicklungsprozesse.

Es lassen sich zwei Ebenen unterscheiden:
- die Ebene des Alltags-Ich (Ego, Tages-Bewusstsein, rationaler Verstand)
- die Ebene des inneren Selbst (Seele, Unterbewusstsein)

Das schnelle Reagieren entspringt einem Ich, das sich in seiner begrenzten Form isoliert wahrnimmt - das nicht weiß, dass es eigentlich viel größer ist und welche unglaublichen Möglichkeiten in jenem Teil liegen, den es nicht bewusst wahrnimmt.

Der schnelle Aktionismus geht ja einher mit einer Blockierung von Erfahrung und das blockiert gleichzeitig das Wirken jener anderen Ebene.

Ich nenne diese andere Ebene gerne *die andere Seite*, weil man sie nicht direkt wahrnehmen kann. Aber ihr Wirken kann man wahrnehmen, wenn man es ermöglicht.

Der Schlüssel zum Wirken der anderen Seite ist eben die Erfahrung und sich der Erfahrung zu öffnen. Das stellt die Verbindung her und aktiviert gleichzeitig die innere Kreativität.

Die unzulässige Verallgemeinerung

Die unzulässige Verallgemeinerung ist ein weiteres Problemschema. Es beruht auf einzelnen, eher unbedeutenden Vorkommnissen, die dann aber in der Schlussfolgerung zu einer neuen negativen Eigenschaft der Welt verallgemeinert werden.

Man bekommt eine Tasche gestohlen - kein wirkliches Problem - nur unbedeutende wenig wertvolle Sachen darin.

Die Schlussfolgerungen aber lauten:

- Die Welt wird immer schlechter.
- Das wird wieder passieren und dann viel schlimmer.
- Menschen sind Diebe
- Ich muss bessere Vorkehrungen treffen

Was hier vielleicht harmlos klingt kann sich sehr schnell in eine negative Schleife immer aufwendigeren sich-dagegen-Absicherns entwickeln. Immer neue Maßnahmen scheinen nötig, um sich und sein Eigentum zu schützen. Gleichzeitig beginnt sich die Erfahrung zu verwirklichen. Es treten Ereignisse ein, die bestätigen, das der Schutz notwendig ist - der verschärfte Schutz. Hier geht es nicht darum, die Tür zu schließen, wenn man das Haus verlässt. Hier geht es um Maßnahmen, die kein Ende mehr finden.

Ich gehe davon aus, dass man im Leben einer Reihe kleiner Geschehnisse begegnet, an denen sich zeigt, ob man an entsprechenden einschränkenden Ideen festklebt und sie zu einem Problem entwickelt oder ob man sie einfach vorüberziehen lassen kann als das was sie sind: einzelne, unbedeutende, harmlose Ereignisse. Diese Ereignisse gibt es natürlich auch im positiven Sinne und sie können Ausgangspunkt für überraschende Wendungen und neue Entwicklungen sein. In diesem Fall ist es äußerst sinnvoll, auf das Ereignis zu reagieren, um es zu einer andauernden Erfahrung zu entwickeln.

Es gibt hier eine starke Diskrepanz zwischen Wahrnehmung und Realität: Obwohl die Ereignisse an sich in ihrer Ausprägung harmlos sind, werden sie aber nicht so wahrgenommen. Man identifiziert das Ereignis mit seiner schlimmstmöglichen Ausprägung. Es war immer nur *ein seltener Glücksfall* dass es gerade noch mal so harmlos abging. Und während man in der eigenen Erfahrung den harmlosen Geschehnissen begegnet, geht man weiter davon aus, dass mit diesen Dingen *nicht zu spaßen ist* und man deshalb irgendwie dafür vorsorgen müsse, dass so etwas gar nicht mehr geschieht.

Man muss sich auch klarmachen, dass ein einzelnes vielleicht unangenehmes Ereignis nicht unbedingt mit einer andauernden Erfahrung gleichzusetzen ist: Dass einem Menschen mal ein Missgeschick geschieht, ist ganz einfach nicht das Gleiche wie ein ständiges Misslingen aller Vorhaben und ein serienmäßiges Auftreten ärgerlicher Geschehnisse.

Schlechtes Gewissen und gute Vorsätze

Eine Serie von sich wiederholenden Erfahrungen, die entweder komplett unerwünscht sind oder nicht so verlaufen, wie man das gerne hätte.

Zum Beispiel, man isst zu viel: Immer wieder nimmt man sich vor, doch nicht so viel auf einmal zu essen bzw. eher mit dem Essen aufzuhören und dann geschieht es doch immer wieder.

Jedes Mal, wenn es wieder so geschieht, setzt es ein - das schlechte Gewissen. Und damit auch der Drang, etwas zu unternehmen, damit es sich ändert: gute Vorsätze, irgendwelche Anstrengungen oder Selbstvorwürfe.

Das Problem dabei: Dass es als Reaktion auf die Erfahrung geschieht. Damit geschieht es als Reaktion auf die Idee hinter der Erfahrung.

Dadurch wird es die Erfahrung verstärken.

Das ist ja aber gerade nicht, was man will.

Was wäre die Alternative?

Sich einfach nur der Erfahrung öffnen und - so wie das eben möglich wird - nach und nach jeglicher Versuchung widerstehen, auch nur die kleinste Reaktion zu zeigen oder irgendetwas zu unternehmen. Reaktion meint hier irgendein ausgelöstes Handeln und nicht Reaktionen, die Teil der Erfahrung sind.

"Ja, aber dann geht es doch nicht weg!"

Und das ist eben das Erstaunliche, das man einfach auch erfahren muss, indem man es ausprobiert:

Es werden sich Möglichkeiten ergeben, diese Erfahrung anders - im gewünschten Sinne - ablaufen zu lassen. Handlungsalternativen werden tatsächlich zur Verfügung stehen oder was auch immer die konkrete Lösung sein mag.

Diese neuen Möglichkeiten eröffnen sich genau da, wo sie tatsächlich notwendig sind - nämlich am Beginn der Erfahrung. Da wo die

Erfahrung sich aufbaut und entfaltet. Dort wo tatsächlich auf die Erfahrung gestaltend Einfluss genommen werden kann.

Denn das ist ja das Kennzeichen jener alten fruchtlosen Bemühungen:

Das schlechte Gewissen und die guten Vorsätze stehen immer am Ende oder nach der Erfahrung, wenn alles gelaufen ist und ein neues Auftreten noch nicht ansteht. Deshalb sind auch die Bemühungen an dieser Stelle so hilflos. An dieser Stelle kann man nichts ausrichten. Und beim nächsten Mal läuft alles wieder wie immer. Die guten Vorsätzen und Anstrengungen haben absolut gar nichts bewirkt.

Mini-Problemchen

Viele dieser Problemschemas ziehen sich bis in allerkleinste Details des menschlichen Alltags hinein, in Dinge, die scheinbar eigentlich völlig unbedeutend sind und die man vielleicht gar nicht als Probleme benennen würde und die sich aber dennoch als kleine Einschränkungen der Freiheit auswachsen können. Dazu 2 Beispiele:

Ich trage im Sommer gern weiße Hosen. Als ich eines Sommers wieder damit anfing, ergab sich folgendes Problem: Ich kleckerte sie beim Essen ständig voll. Nicht so wie man das als normalen Effekt vielleicht kennt, sondern mindestens einmal am Tag und manchmal 2 und 3 Mal. Ich war nur noch am weiße Hosen waschen. Und es war so penetrant - ich kam mir fast veralbert vor: Nachdem ich zum Mittagessen schon eine Hose mit Bolognese auf dem Gewissen hatte, fiel mir zum Abendbrot das Wurstbrot mit Ketchup aus der Hand und auf die Hose.

Gleich als es anfing, setzte innerlich die Verallgemeinerung ein: "So kann das nicht weitergehen. Kann ich vielleicht gar keine weißen Hosen mehr anziehen?" und es kamen mir verschiedene Lösungsstrategien in den Sinn: Zu Hause könnte ich die Hosen zum Essen ausziehen und auswärts würde ich eben etwas darüberlegen. Oder ich sollte vielleicht nur noch weißes Essen zu mir nehmen (kleiner Scherz).

Der Witz ist aber, absolut überhaupt gar nichts zu unternehmen. Außer natürlich Hosen waschen. Aber keinerlei vorbeugende

Maßnahmen und sich auch nicht im weiße Hosen tragen einschränken.

Das bedeutet, sich der Erfahrung zu stellen: Sich einfach weiter verhalten wie man will und die Erfahrung offen hinnehmen. Ich kleckerte also weiter und wusch fast täglich weiße Hosen.

Der absolut verblüffende Effekt ist, wie die Erfahrung vollkommen restlos verschwindet. Das Kleckern ging noch ein paar Tage weiter und danach habe ich den ganzen Sommer lang - also über mehrere Monate - nicht eine einzige Hose mehr bekleckert, obwohl ich nicht den Hauch eines Gedankens mehr daran verschwendet hatte.

Zweites Beispiel: Kalte Hände beim Spazierengehen im Winter

Ich versuchte alles Mögliche: Handschuhe anziehen oder Hände in die Jackentasche oder beides, Hände anspannen oder bewegen. Es half alles nichts. Mit der Zeit verstärkte es sich und begann richtig weh zu tun. Ich hatte die Theorie, wenn die Muskeln angespannt sind oder arbeiten müssen, würden die Hände warm werden. Ich ging schließlich nur noch mit in der Jackentasche geballten Fäusten spazieren. Die Theorie stimmte nicht.

Und da kam mir die Lösung: die Hände mitten in den Kälteschmerz hinein entspannen. Wenn man es noch nicht gewöhnt ist, Erfahrungen wirklich zu durchleben, staunt man immer wieder, wie intensiv durchlebte Erfahrungen werden können. Der Schmerz in den Händen wurde so stark, dass ich Angst bekam, es würde *etwas kaputt gehen*. Ich entspannte die Hände dennoch immer weiter. Etwa 10 Minuten später waren die Hände warm und kribbelten nur noch ein bisschen.

Der Problem-Effekt

Mit der Zeit wird es sich dahin entwickeln, dass man Probleme schon an der Wurzel ihrer Entstehung an ihrer Energie erkennt: Anspannung, Aufregung, Anstrengung.

Stell dir vor, ein Problem taucht auf und keiner reagiert darauf.

Freiheit - Positive Entwicklungen

Die Ideen dieses Buches dienen dem Zweck, unerwünschte Entwicklungen im eigenen Leben zu stoppen und erwünschte Entwicklungen anzustoßen, wo dies bisher nicht möglich war.

Über den Fall erwünschter Entwicklungen, die bereits funktionieren, müssen wir eigentlich nicht reden, denn sie funktionieren ja bereits.

Ich tue es jetzt aber doch, um den Prozess in seiner Idealform darzustellen:

Beispiel "Tanzen macht Freude":

Nehmen wir an, ein Mensch macht bei irgendeiner zufälligen Gelegenheit die Erfahrung "Tanzen macht Freude". Das ist eine Idee, die ihm nun in Form einer Erfahrung begegnet.

Irgendwann in der Folgezeit kommt ihm wieder in den Sinn "Tanzen macht Freude" und nun kann es sein, dass er darauf reagiert: Er geht wieder tanzen. Vielleicht hat er sich das auch gleich schon beim ersten Mal vorgenommen.

Indem der Mensch aus diesem Beispiel nun auf die Idee reagiert, verhilft er ihr gleichzeitig zu einer noch besseren Verwirklichung als Erfahrung: Das Tanzen wird noch mehr Freude machen. Und je öfter auf die Idee "Tanzen macht Freude" mit weiterem Tanzen gehen reagiert wird, um so mehr Freude wird das Tanzen machen.

Das funktioniert auch in materieller Weltsicht. Das funktioniert in materieller und in geistiger Weltsicht gleichermaßen.

Warum?

Die Idee kam als Wahrheit von außen: Deshalb funktioniert es in materieller Weltsicht.

Die Idee deckt sich mit den Wünschen und dem Willen eines Menschen: Deshalb funktioniert es in geistiger Weltsicht.

Und es gibt eben diese Fälle, wo beides gleichzeitig zutrifft.

Was kennzeichnet den Prozess im positiven Fall?

- Die Erfahrung wird vollständig durchlebt. Man genießt sie sogar. Man geht mit der Erfahrung mit.
- Und dann ist sie vorüber: Sie zieht vorbei und ist weg.
- "Nochmal!" denkt man und wird wieder aktiv, sobald sich eine Möglichkeit ergibt
- Die Erfahrung kommt wieder, man genießt sie und sie zieht vorbei.
- Indem man immer wieder die Möglichkeit wahrnimmt, die Erfahrung anzustoßen, entwickelt sie sich auch. Die Erfahrung wächst und dehnt sich aus.
- Aber immer zieht sie vorbei und wartet dann darauf, dass man wieder aktiv wird, damit sie wieder hervorkommt.

Der positive Prozess ist immer dann in Gang wenn man denkt "Oh das hat aber gut funktioniert. Das mache ich gleich noch einmal."

Warum nur ist diese Welt so dusselig eingerichtet, dass die positiven Erfahrungen an einem Menschen vorbeiziehen und die negativen nisten sich ein und gehen nicht mehr weg?

Tatsächlich aber funktioniert der negative Fall genauso: Die Erfahrung wird durchlebt und anschließend kann man entscheiden, ob man das in seinem Leben etablieren möchte. Das wird man natürlich schön bleiben lassen.

Die Probleme entstehen daraus, dass die Erfahrung nicht durchlebt wird.

Grenzenlosigkeit

Der Mensch ist ein unbegrenztes geistiges Wesen.

Was bedeutet das?

Er kann jede Erfahrung erschaffen, die er sich wünscht. Seiner Entfaltung sind keine Grenzen gesetzt.

Viele Ideen ziehen an ihm vorüber
- als Gedanken
- als spontane Einfälle

- als Lehrstoff
- durch Eltern und andere Autoritätspersonen
- als Zeitungslektüre
- durch Freunde, Partner und Bekannte

Manche lässt er einfach ziehen, andere ordnet er in sein Glaubenssystem ein. Das heißt er entscheidet sich, sie für wahr zu halten.

Unter all diesen Ideen gibt es solche, die seine Entfaltung fördern und solche, die seiner Entfaltung im Wege stehen.

Die Ideen, die der Entfaltung des Menschen im Wege stehen, sind ganz sicher nicht wahr. Sonst würde es ja nicht stimmen, dass der Mensch ein unbegrenztes Wesen ist.

Es geschieht aber dennoch, dass sie für wahr gehalten werden.

Nun ist der Mensch nicht nur ein unbegrenztes Wesen, sondern er hat auch einen unbändigen Drang sich zu entfalten.

Es kann also folgende Situation entstehen:

Der Drang sich zu entfalten kollidiert mit einer Idee, die dem im Wege steht.

Was folgt daraus?

Das Hindernis muss beseitigt werden.

Also wird man aktiv, das imaginäre Hindernis zu beseitigen.

Dabei geschieht nun das Unvermeidliche: Die begrenzende Idee beginnt das Verhalten zu beeinflussen - sie löst ein Handeln aus.

Und das wiederum bedeutet, dass die Idee sich als Erfahrung zu verwirklichen beginnt.

Der Mensch erfährt die Begrenzung. Was ursprünglich nur eine Idee war, begegnet ihm nun im Außen wieder.

Eigentlich ist es so vorgesehen, dass die Erfahrung die Irrtümer im Glaubenssystem aufdeckt. Sie können dann korrigiert werden.

Es geschieht aber etwas anderes: Die Erfahrung wird als reale unumstößliche Tatsache interpretiert: Die Idee stimmt also!

Das hängt ganz unmittelbar damit zusammen, wie der Mensch sich selbst sieht. Er sieht sich als kleines Körperwesen inmitten einer Welt, die unabhängig von ihm existiert und mit der er nun irgendwie klarkommen muss.

Tatsächlich ist er aber der Schöpfer dieser ganzen Szenerie, welche die Erfahrung erzeugt.

Die 2 Schnittstellen des Handelns

Es gibt zwei Arten begrenzender Ideen:

- die, welche ganz direkt verhindern, dass der Mensch sich entfalten kann. Sie stehen der Entfaltung ganz unmittelbar im Weg. Sie sorgen dafür, dass nicht getan werden kann, was getan werden will. Sie sind dafür verantwortlich, wenn ein Mensch es aufgibt, für die Verwirklichung der eigenen Träume zu handeln. Das ist das Thema *Grenzen überwinden*.
- die, welche indirekt verhindern, dass der Mensch sich entfalten kann, weil sie seine Energie anderweitig binden. Das sind die vielen Sorgen, Probleme und unerwünschten Entwicklungen, mit denen man sich immerzu herumschlagen muss (anstatt an der Verwirklichung der eigenen Träume zu arbeiten). Das ist das Thema *Probleme lösen.*

Die beiden Arten von begrenzenden Ideen sind unmittelbar verbunden mit 2 Trends, welche sich im Leben eines Menschen etablieren können:

1. Der Handlungsspielraum schränkt sich immer weiter ein.
2. Die Sorgen, mit denen man sich auseinandersetzen muss, nehmen zu.

Beide Trends gilt es umzukehren und rückgängig zu machen.

Bei der Lösung von Problemen kommt es oft vor allem darauf an

das Handeln einzustellen, wo man normalerweise Handeln würde

Bei der Überwindung von Grenzen geht es vor allem darum

zu handeln zu beginnen, wo man normalerweise nicht handeln würde

Das ist die Praxis der Entkopplung des Handelns von der Situation. In Situationen, wo man fast zwanghaft aktiv werden zu müssen glaubt, werden die Reaktionen eingestellt und da wo die Situation zur Einstellung des Handelns geführt hat, beginnt man wieder zu handeln

Dadurch geschieht auf der einen Seite eine Rückkehr
- vom Komplizierten zum Einfachen
- vom Aufgesetzten zum Natürlichen
- vom Hektischen zum Ruhigen

eine Menge Energie wird frei, die sinnlos und überflüssig gebunden war

und auf der anderen Seite
- wird der eigene Willen immer besser zum Ausdruck gebracht
- während sich zunehmend Wünsche erfüllen, die einem Menschen wirklich wichtig sind

Mit der Lösung von Problemen hatten wir uns schon beschäftigt. Zur Überwindung von Grenzen kommen wir jetzt.

Grenzen überwinden

Wünschen bedeutet Handeln

Ein Wunsch führt zu kraftvollem zielgerichteten Handeln, das die Erfüllung des Wunsches herbeiführt.

Das ist der gesunde natürliche Mechanismus.

Ihn wieder in Gang zu setzen, wo er nicht leicht und flüssig abläuft - das ist das Ziel der folgenden Kapitel.

Um für einen Wunsch tätig zu werden, muss man natürlich zunächst erst mal einen haben. Und da haben wir schon das erste Problem:

Darf man denn einfach so eigene Wünsche haben?

Ist das nicht ein bisschen egoistisch?

Muss man nicht die eigenen Wünsche zurückstellen?
- für die Familie
- für die Gemeinschaft
- für höhere Ziele

Und sind nicht unsere kleinlichen materiellen Wünsche überhaupt erst die Ursache unserer ganzen Misere?

Ist es nicht viel besser, zuerst an andere zu denken, als an sich selbst?

Und ist es nicht eigentlich der Sinn des Lebens, sich höheren Zielen unterzuordnen, im Lichte derer unsere Wünsche nun wirklich mehr als lächerlich erscheinen?

In einer Situation, in der ich wirklich sehr unsicher geworden war, befragte ich dazu meine damals 4-jährige Tochter - getreu dem Motto, dass bei Kindern noch manches in der natürlichen Ordnung ist, was bei Erwachsenen ein bisschen durcheinander geraten ist:

"Sag mal, hast Du eigentlich Wünsche?"

Ihre Antwort kam wie aus der Pistole geschossen:

"Jeder Mensch hat Wünsche!"

Und ihr Tonfall verriet deutlich, dass sie dabei dachte "Was bitte schön soll denn diese saublöde Frage?"

Ok, jeder Mensch hat also Wünsche. Aber hat er auch ein Recht auf ihre Erfüllung? Oder gibt es überhaupt die Möglichkeit dazu?

Die Diskreditierung von Wünschen bzw. des Wünsche Habens zieht sich auf eine höchst subtile Weise durch nahezu alle geistigen Systeme.

Letztlich muss jeder Mensch selbst entscheiden, wie er sich zu diesen Fragen stellen möchte.

Die eigentliche Grundfrage ist die:

Gibt es einen Widerspruch zwischen den Wünschen des Einzelnen und dem Wohl des Ganzen?

Das heißt:

Schadet es dem Wohl des Ganzen, wenn der Einzelne nach der Erfüllung seiner Wünsche strebt?

Oder

Muss man für das Wohl des Ganzen auf die Erfüllung seiner Wünsche verzichten?

In der Vielzahl von Ideen, welche im Gefüge von Weltsicht und Glaubenssystem eine Rolle spielen, gibt es ein paar sehr grundlegende und zentrale, die alles weitere bestimmen.

Eine dieser Grundfragen lautet:

Macht diese Welt Sinn oder nicht?

Ich gehe davon aus, dass diese Welt Sinn macht und zwar in einer Weise, die weit über das Vorstellungsvermögen des Menschen hinausgeht.

Welchen Sinn sollte es machen, dass der Mensch Wünsche hat, deren Erfüllung dann aber nicht legitim ist?

Das wäre wohl ein ziemlicher Blödsinn.

Ich gehe daher davon aus, dass die Wünsche die innere Führung des Menschen darstellen.

Indem ein Mensch nach der Erfüllung seiner Wünsche strebt, entwickelt er sich gleichzeitig auf die optimale Weise und erwirbt wichtige Fähigkeiten und Erkenntnisse.

Aber die Wünsche sind die Führung. Die Wünsche weisen den Weg.

Das ist Innenorientierung.

In einer Welt, in der die Wünsche so häufig unter den Teppich gekehrt werden und hinter *Sachzwängen* und anderen Wortunfällen zurückstehen müssen, ist es klar, dass Menschen sich ihrer Wünsche vielfach gar nicht mehr richtig bewusst sind.

Die Bewusstmachung der eigenen Wünsche als ständiger Prozess - Wünsche entwickeln sich auch weiter:
- Was will ich wirklich?
- Was ist mir das Wichtigste?
- Was wünsche ich mir?
- Was würde ich mir wünschen, wenn ich alles erreichen könnte?
- Was würde ich mir wünschen, wenn es nicht so absurd oder egoistisch oder lächerlich wäre?

Wünsche und Willen

Ich unterscheide ganz klar zwischen Wünschen und Willen:

- Wünsche beziehen sich auf Erfahrung: Man wünscht sich bestimmte Erfahrungen
- Der Willen bezieht sich aufs Handeln: was man tun *will*

Diese Unterscheidung ist wichtig, weil wir uns auch mit dem nicht gerade seltenen Fall auseinanderzusetzen haben werden, dass ein

Mensch für einen Wunsch etwas tun zu müssen glaubt, das er eigentlich nicht tun will.

Der Idealfall ist natürlich, dass man das, was man für seine Wünsche tun zu müssen glaubt, auch tun will.

Der Willen unterteilt sich
- in einen generellen Willen
- und einen Willen im Moment

Der Willen im Moment ist eine ganz spontane innere Größe jenseits aller Erklärungen und Begründungen: Er bezieht sich auf das, was ich jetzt im Moment will oder auch nicht will.

Der generelle Willen bezieht sich auf die grundsätzliche Bereitschaft zu einem Handeln - die aber nicht in jedem Moment mit *dem Willen im Moment* übereinstimmen muss.

Es gilt beides zu beachten - Wünsche und Willen - und beides in Übereinstimmung zu bringen.

Der Willen ist nicht zu verwechseln mit inneren spontanen Handlungsimpulsen. Diese können dem Willen entsprechen oder nicht.

Beim Überwinden von Grenzen geht es aber vor allem um den Fall, dass für das, was man will, keine spontanen inneren Handlungsimpulse da sind. (Sonst bräuchten wir nicht darüber reden.)

Grenzen überwinden

Warum handelt ein Mensch nicht, obwohl er einen Wunsch hat, der ein bestimmtes Handeln erfordern würde?

Er ist auf eine Grenze gestoßen.

Eine Grenze ist eine Erfahrung.

Als solches ist sie die Verwirklichung einer Idee.

Aber sie ist kein unumstößliches Merkmal der Realität.

Begrenzende Ideen verwirklichen sich als Grenze, weil man auf sie reagiert. Die Reaktion besteht in diesem Fall darin, nicht zu handeln, obwohl man eigentlich handeln möchte.

Wie aber wird man sie los?

Indem man sich der Erfahrung stellt.

Das bedeutet, man handelt doch, obwohl da die Erfahrung einer Grenze ist.

Wenn man nicht handelt, erfährt man die Grenze nicht.

Indem man ins Handeln geht, wird man ganz unmittelbar mit der Grenze konfrontiert.

Auch für diese Art von Erfahrung gelten die Entwicklungsphasen
1. Gefühle
2. Erfahrungen
3. materielle Auswirkungen

Befindet sich die Entwicklung der begrenzenden Erfahrung in den Phasen 1 und 2, dann geht man durch eine Phase hindurch, in der es sich so anfühlt, als ginge es hier nicht weiter, in der es so scheint, aber es ist keine knallharte Tatsache. Man kann durch diese Gefühle und Erfahrungen einfach hindurchgehen ohne dem Anschein auf den Leim zu gehen.

Befindet sich die Entwicklung der begrenzenden Erfahrung in Phase 3, dann ist die Grenze materialisiert und man wird scheitern. Das heißt der Handlungsstrang muss dann erst einmal enden.

Wenn ein Mensch sein Handeln eingestellt hat, können die Gründe unterschiedlich sein:
- Entweder er traut sich nicht in die Gefühle, weil er sich scheut, mit der Idee dahinter konfrontiert zu werden, was wiederum daran liegt, dass er diese Idee für eine unumstößliche Tatsache hält, die sie gar nicht ist
- oder er ist einmal oder sogar mehrmals gescheitert und hat aufgegeben. Das heißt, er hat geschlussfolgert "Es geht nicht."

In beiden Fällen ist aber die Lösung, doch wieder ins Handeln zu gehen und sich

- den Gefühlen und dahinter liegenden Ideen mutig zu stellen
- und eventuell auch ein weiteres Scheitern zu riskieren

Ich unterscheide hier die beiden Fälle, aber im Grunde ist es beides das Gleiche: Man stellt sich einer Erfahrung und das führt dazu, dass man ihre Ursachen erkennt und neue Wege findet.

Scheitern

Wie genau unterscheidet sich eigentlich ein Scheitern von einer Erfahrung, durch die man direkt hindurchgehen kann?

Ein Scheitern bedeutet das definitive Ende eines Handlungsstranges: So geht es nicht weiter. Man ist zum Aufhören gezwungen. Es schließt sich eine Phase ziemlich unangenehmer Gefühle an.

Aber die allgemeine Sichtweise des Scheiterns ist falsch. Scheitern bedeutet nicht, dass es nicht weiter geht. Scheitern ist nur eine Erfahrung. Sie endet nach einer gewissen Zeit und dann ist man wieder entscheidungs- und handlungsfähig. Dann könnte man einen neuen Versuch machen. Ein solcher erneuter Versuch erfolgt aber häufig nicht, weil man die Erfahrung für ein unveränderliches Merkmal der Realität hält.

Es gibt folgende Phasen:

- das Scheitern an sich: ein Handlungsstrang endet erzwungenermaßen
- emotionale Reaktion
- Ende der Erfahrung: Man ist jetzt wieder fähig, sich zu einem neuen Versuch zu entschließen

In der emotionalen Reaktion kann man keinen neuen Versuch machen. Da bleibt nichts anderes übrig, als sich den unangenehmen Gefühlen zu stellen. Sie entspricht der Krise, über die wir schon gesprochen hatten. Man setzt sich einer emotionalen Situation aus, für die eine Lösung nicht in Sicht ist.

Es ist möglich, dass bereits in dieser Phase Erkenntnisse kommen, die ein Weitermachen ermöglichen, aber es ist nicht der Normalfall.

Glauben

Damit es nach einem Scheitern weitergehen kann, erfordert es einen Entschluss.

Dieser Entschluss ist der kritischste Punkt beim Überwinden von Grenzen. Er ist der Schlüssel dazu:

Man entscheidet sich zu einem weiteren Versuch an einem Punkt, wo man keine Lösung kennt!

Dieser Entschluss beruht auf dem Glauben, das es eine Möglichkeit zum Weitergehen gibt, auch wenn absolut überhaupt keine Lösung auch nur andeutungsweise sichtbar ist.

Das ist Glauben in Reinkultur! Das ist der Glauben, der Berge versetzt:

- Die Idee, dass eine Lösung existiert und dass es weitergeht
- löst ein Handeln aus
- an einem Punkt, wo Erfahrung und äußerer Anschein etwas vollkommen anderes anzeigen
- und das erschafft die Lösung.

Das schreibt sich hier leicht - das praktisch zu machen, gehört sicher zu den größten geistigen Herausforderungen, vor die Menschen gestellt werden. Aber es ist möglich.

Und es lohnt sich!

Alleine dieser Entschluss kann Feuerwerksartige energetische Freudereaktionen auslösen. Das tut er aber beileibe nicht immer.

Vielmehr geht es nun darum, sich einer weiteren emotionalen Erfahrung zu stellen:

Es beginnt die Transformationsphase, in der man zu handeln beginnt, obwohl die Erfahrung einem sagt, dass das völlig sinnlos ist.

Irgendwo in diesem Prozess erscheinen die konkreten Lösungen, die aufzeigen, wie es ganz praktisch weitergehen kann. Es öffnen sich neue Wege und Möglichkeiten.

1. entweder schon in der Krise nach dem Scheitern
2. oder durch den Entschluss trotz Scheitern weiterzugehen
3. oder in der Transformationsphase, während man wieder zu handeln beginnt

Man beachte, dass es auch in diesem Prozess zwei Stationen gibt, an denen es darum geht, sich einer Erfahrung mit ihren Gefühlen zu stellen:

1. die Gefühle nach dem Scheitern (Krise)
2. die Gefühle, während man wieder ins Handeln geht (Transformation)

Sich den Gefühlen zu stellen, während man wieder ins Handeln geht, ist nicht ohne. Zwar beziehen sie sich einerseits auf konkrete begrenzende Annahmen, andererseits sind sie aber direkte Abkömmlinge der unangenehmsten aller Ideen überhaupt:

der Ohnmacht

Ohnmacht ist die Annahme,
- dass nicht erreichbar ist, was man erreichen möchte
- dass nicht erfüllbar ist, was man sich am meisten wünscht
- dass nicht richtig ist, woran man mit seinem ganzen Wesen glaubt

Die Ohnmacht ist für ein unbegrenztes Wesen wie den Menschen die inakzeptabelste aller Ideen. Infolgedessen ist es auch eine der größten Herausforderungen, sich ihr zu stellen. Beziehungsweise sich der aus Ohnmacht als Idee resultierenden Erfahrung zu stellen, damit die Überzeugungskraft dieser Idee sich auflösen kann.

Und das bedeutet da weiterzugehen, wo es absolut nicht weiterzugehen scheint. Nicht zwanghaft-brachial, sondern auf eine Weise, die wir noch ausführlich besprechen werden.

Je weiter man in diesem Prozess fortschreitet, um so mehr wird man mit der Ohnmacht ganz direkt konfrontiert. Die unmittelbare Konfrontation mit der Ohnmacht - das ist der absolute Umkehrpunkt:

"Da hast du dich aber schön in Illusionen verrannt. Lauter Schein-Erkenntnisse und Schein-Lösungen. Freudeausbrüche um nichts. Die Wahrheit ist: Es geht nicht! Der Mensch kann nicht einfach so machen wie er will. Wer hoch hinaus will, wird tief fallen."

Das kann eine ziemlich harte Probe für den eigenen Glauben sein. Aber irgendwann ist man auch durch. Und dann gehts steil bergauf. Begrenzungen eine nach der anderen weghauen wird zur Routine.

Interessant ist an diesem Prozess, dass mehrere Ideen-Ebenen gleichzeitig beteiligt sind:

Man stellt sich der Ohnmacht bzw. der Idee dass es nicht geht und während sich das auflöst tauchen auf anderen Ideen-Ebenen richtig neue Lösungen und Wege auf. Es erscheinen völlig neue Qualitäten. So wie man ursprünglich dachte, ging es tatsächlich nicht.

Die Konfrontation mit der Ohnmacht öffnet neue Möglichkeiten in vielerlei Beziehung.

Neue alte Lebensbereiche

Das zentrale Anliegen dieses Teils des Buches ist es, für die eigenen Träume, Wünsche und Visionen zu handeln zu beginnen.

Das ist gleichbedeutend damit, bestimmte Lebensbereiche - vielleicht nach langer Zeit - erneut zu betreten.

Die materielle Weltsicht geht aus Unkenntnis mit dem Irrtum einher, dass man negative Erfahrungen meiden solle. Das führt dazu, dass ganze Lebensbereiche gemieden werden. Sie werden nicht mehr betreten, indem das mit ihnen verbundene Handeln abgestellt wird.

Dadurch wird das Leben immer ärmer und farbloser, der Handlungsspielraum engt sich zunehmend ein und es scheint immer weniger Entfaltungsmöglichkeiten zu geben.

Diesen Trend kehren wir nun wieder um.

Indem man diese Lebensbereiche - vielleicht nach langer Zeit - erneut betritt, begegnet man auch alten Gefühlen wieder: Gefühlen, die man schon lange nicht gefühlt hat und die man längst überwunden glaubte. Aber man hatte sie nicht überwunden, man hatte sie nur gemieden. Und nun wird man sich ihnen aber stellen, damit sie sich wirklich endgültig auflösen.

Handeln und Verhalten bestimmen die Bewegung des Bewusstseins durch die verschiedenen Bereiche der Seele - durch die Lebensbereiche eben.

Was man ganz einfach wissen muss

Es gibt eine Tatsache, die man ganz einfach wissen muss, um zuverlässig die eigenen Vorhaben zum Erfolg zu führen.

Stellen wir uns folgendes Szenario vor:

Man hat sich also nun entschlossen doch weiterzumachen, trotz aller Ängste, Gefühle und vielleicht negativer Erfahrungen. Es war ein langer Weg zu diesem Entschluss, aber nun ist man bereit.

Man legt also los und - fällt gleich wieder auf die Nase bzw. steht gleich wieder vor dem nächsten Problem.

"Schöne Bescherung. Dann war der tollkühne Entschluss wohl doch nicht das richtige!"

Doch das war er. Man muss ganz einfach folgendes wissen:

In dem Moment, in dem man zu handeln beginnt, begegnet man genau den Grenzen wieder, die vorher dazu geführt haben, dass man aufgehört hat bzw. nicht weiterging.

Und jetzt beginnt die eigentliche Arbeit überhaupt erst: Diese Grenzen zu überwinden.

Wenn man an einem bestimmten Punkt seines Lebens einer begrenzenden Idee wegen immer wieder nicht gehandelt hat, obwohl der Willen dort eigentlich handeln wollte, dann ist dieses nicht handeln eben auch eine Reaktion auf die Idee "Es geht nicht". Denn das natürliche Verhalten wäre, einfach dem Willen zu folgen. Indem aber die begrenzende Idee "Es geht nicht" immer wieder das Verhalten bestimmt - indem man nicht handelt - verwirklicht sie sich zunehmend als Erfahrung. Und das sind dann die Begrenzungen, denen man ganz praktisch als Erfahrung begegnet. Es ist so ziemlich das erste was auftaucht, wenn man sich doch wieder entschlossen hat zu handeln.

Das Handeln der dritten Art

Wie im letzten Teil des Buches ausführlich dargestellt wurde, ist der Schlüssel zur Überwindung von Grenzen, ins Handeln zu gehen, wo man das normalerweise nicht tun würde. (Das ist übrigens wieder die Entkopplung des Verhaltens von der Situation.)

Aber es ist nicht irgendein Handeln. Es ist ein Handeln, das ich *das Handeln der 3. Art* nenne.

Warum gerade der 3. Art? Hat es etwas mit Begegnungen der 3. Art zu tun?

Nicht direkt. Vielmehr gibt es auch ein Handeln der 1. und 2. Art.

- Das Handeln der 1. Art ist ein Handeln so wie man gerade Lust hat: inneren Handlungsimpulsen, der Freude und der Lust folgend. Es ist die ideale Wunschform des Handelns. So könnte man immer handeln, wenn es nicht diese doofen Begrenzungen gäbe. Bei diesem Handeln ist das Verhalten an die Situation gekoppelt: Ist die Situation passend, wird gehandelt, falls nicht, lässt man es eben bleiben.

- Das Handeln der 2. Art bedeutet, sich zu etwas zu zwingen. Das ist ein deutlicher Fortschritt gegenüber dem Handeln der 1. Art, denn es erweitert den Handlungsspielraum. Allerdings ist die Kopplung des Verhaltens an die Situation noch nicht aufgehoben. Sich zu etwas zu zwingen bedeutet, die Situation gewaltsam passend hinzubiegen: Man beginnt zu handeln in einer Situation, in der sich das Handeln normalerweise nicht natürlich ergeben würde, aber entweder führt man einen gewaltsamen Wechsel der inneren emotionalen Situation herbei oder man unterdrückt die Gefühle, die dabei hochkommen wollen. Ein Beispiel wäre, sich morgens zum Joggen zu zwingen. (Daran ist im Übrigen nicht das Geringste auszusetzen und es ist definitiv besser, als immer nur auf der Couch fernzusehen.)

- Das Handeln der 3. Art nun löst die Kopplung zwischen Situation und Verhalten: In einer Situation, in der man normalerweise nie handeln würde (z.B. weil es so sinnlos erscheint), geht man dennoch ins Handeln. Gleichzeitig aber öffnet man sich der

Situation und allen Gefühlen und Wahrnehmungen, die das auf den Plan ruft. Das ist insofern paradox, als nun der Reflex doch nicht zu handeln bzw. das Handeln wieder einzustellen, erst recht stark wird. Das tut man aber nicht. Man handelt weiter, während man sich soweit es geht für die damit verbundene Erfahrung öffnet. Diese Art des Handelns erfordert keinerlei Anstrengungen. Sie erfordert lediglich die Bereitschaft, sich mit bestimmten Erfahrungen zu konfrontieren.

Da das ein sehr wichtiger Gedanke ist, möchte ich ihn noch einmal herausstellen:

Das Handeln der 3. Art erfordert keinerlei Anstrengungen, sondern die Bereitschaft, sich mit bestimmten Gefühlen, Situationen, Erfahrungen zu konfrontieren und sich dafür zu öffnen.

Machen wir dazu ein Beispiel: Ich habe auf diese Weise meinen Morgenekel überwunden:

Kennen Sie das? Man wacht morgens auf, schlägt die Augen auf und es packt einen das blanke Grauen: Schon wieder so ein einförmiger Tag mit dem gleichen langweiligen Ablauf, unzähligen lästigen Pflichten, Null-Abwechslung und nichts darin, worauf man sich freuen kann. Da hilft eigentlich nur eins: Augen schnell wieder zu, Bettdecke weit über den Kopf gezogen und Bewusstsein möglichst ganz ausschalten.

Das wäre das Handeln der 1. Art.

Das Handeln der 2. Art geht so (wie ich es mal in einem Buch las):

Man springt aus dem Bett, klatscht in die Hände, spannt alle Muskeln an und schreit "Heute ist ein wunderschöner Tag" obwohl man genau weiß, dass das eine verdammte Lüge ist.

Das Handeln der 3. Art geht so:

Zunächst mal die Augen wieder aufschlagen und ihn sich anschauen diesen Tag. Den ganzen Ekel und die ganze Abneigung kommen und auf sich wirken lassen.

Und dann ganz langsam beginnen, aus dem Bett zu steigen - wirklich in Zeitlupe.

Die Langsamkeit des Handelns ist bei diesem Handeln zumindest am Anfang ein sehr wichtiges Element, weil es dann leichter ist, sich der damit verbundenen Erfahrung wirklich zu öffnen.

Denn das ist ja der Witz dabei: Während man zu handeln beginnt, verstärken sich die Empfindungen gleichzeitig, die normalerweise dazu führen würden, dass das Handeln gleich wieder eingestellt wird.

Aber genau diesen Empfindungen öffnet man sich auch noch.

Ich gebe zu, das klingt sehr selbstquälerisch. Aber das klingt nur deswegen so, weil es so normal erscheint, Erfahrungen zu unterdrücken, zu überspielen oder sonstwie zu manipulieren.

Tatsächlich ist aber das, was man auf diese Weise erlebt, die Erfahrung des Alltags, so wie sie im Moment verwirklicht ist. Man schaut sie nur nie direkt an. Man rettet sich irgendwie aus dem Bett zum ersten Kaffee und hangelt sich dann über kleine Aufputscher durch bis man abends vor dem Fernseher angekommen ist.

Dass man sie nie direkt anschaut hat aber die Kehrseite, dass die Erfahrung bleibt. Sie geht erst, wenn sie durchlebt wird und ihre Erkenntnisse dabei auch freigeben kann.

Das Faszinierende ist an diesem Beispiel - wenn man es konsequent eine Weile tut - wie sich Wirkungen und neue Möglichkeiten ergeben - wie sie sich teilweise ganz unauffällig einschleichen und man nach einer Weile völlig erstaunt feststellt, dass der Morgenekel gar nicht mehr da ist.

Aufmerksamkeit

Das Handeln ist eines der anspruchvollsten Themen, die es überhaupt gibt.

Das hängt damit zusammen, dass beim Handeln - wenn es richtig laufen soll - innere und äußere Teile der Persönlichkeit auf eine höchst komplexe Weise zusammenspielen müssen.

Es war schon erwähnt worden, dass sich die menschliche Psyche in 2 wesentliche Teile untergliedern lässt:

- die äußeren und inneren Teile der Psyche
- äußeres und inneres Selbst
- Ego und Seele
- Alltags-Bewusstsein und Unter-Bewusstsein

Das ist immer die gleiche begriffliche Unterteilung in den verschiedenen geistigen Systemen.

Eines der Hauptprobleme einer materiellen Weltsicht ist die Unkenntnis des äußeren Selbst über die Existenz und die Möglichkeiten des inneren Selbst: Das Ego weiß nicht von der Seele oder nur theoretisch und nicht praktisch.

Das innere Selbst hat nicht nur sehr weitreichende Möglichkeiten (unter anderem die Lizenz zur (Um)Formung materieller Gegebenheiten), sondern auch sehr umfangreiche Aufgaben.

Denen kann es aber nur nachkommen, wenn das äußere Selbst (=Ego) korrekte Daten übermittelt (Erfahrung zulassen) und das Wirken des inneren Selbst nicht blockiert.

Da das äußere Selbst aber vom inneren Selbst nichts weiß, tut es genau das: Es halst sich die Aufgaben des inneren Selbst selber auf und wundert sich dann, dass es vollkommen damit überfordert ist.

Das ist nicht Schuld und Schwäche des Egos (oder gar des Verstandes), wie in vielen geistigen Systemen irrtümlich angenommen, sondern es ist einzig und allein eine Folge einer Weltsicht, die nicht sehr viel mit der wahren Natur der Realität zu tun hat.

Ändert man die Weltsicht, kriegt man das Staunen, was aus dem viel geschmähten Ego so alles rauszuholen ist.

Aber zurück zum Thema:

Beim Handeln kommt es vor allem auf das richtige Zusammenspiel zwischen innerem und äußerem Selbst an.

Eine bevorzugte Variante des sich allein wähnenden Egos ist *das sture Abarbeiten*:

Es existiert im Vorhinein eine Vorstellung wie ein bestimmtes Handeln ablaufen müsse und die wird einfach durchgezogen. Da kommt das innere Selbst nicht zum Zuge.

Kennzeichnend für diese Art des Handelns ist eine gewisse innere Leere. Man hat das Gefühl, da passiert nicht wirklich etwas von irgendeiner Bedeutung und irgendeinem Nutzen.

Das ist die Art des Handelns, an die man üblicherweise zuerst denkt, wenn von Handeln die Rede ist. Deshalb erwähne ich das. Es ist aber nicht die Art von Handeln, die wir hier brauchen.

Gegenstand dieser Ausführung ist das Ansinnen, einen bestimmten Bereich des Handelns schrittweise wieder zu erschließen, der lange Zeit gemieden wurde, weil man mehrmals damit gescheitert ist oder weil es immer so unangenehme Gefühle auf den Plan ruft.

Stellen wir uns dazu am besten eine kreativ-schöpferische Tätigkeit vor wie das Spielen eines Instruments oder das Schreiben eines Buches oder was auch immer ein Mensch eigentlich gerne tun würde, wenn da nicht diese vielen Hindernisse wären.

Sehr wahrscheinlich ist es eine Tätigkeit, welche die tatkräftige Mitwirkung des inneren Selbst dringend nötig hat.

Was genau kann man also tun, wenn man in ein bestimmtes Handeln gehen möchte, welches eigentlich spontan und mit Freude von innen angetrieben sein müsste und von innen kommt aber gar nichts?

Man kann dem seine Aufmerksamkeit schenken bzw. die Aufmerksamkeit dahin ausrichten.

Das bedeutet, sich an den Handlungsansatz zu begeben - dorthin wo normalerweise ein freudiges, begeistertes, spontanes Handeln einsetzen würde und wo jetzt aber nichts geschieht, weil wir es eben mit einer Begrenzung zu tun haben, die sich erst einmal auflösen muss.

Man begibt sich also in genau die Situation: setzt sich an den Schreibtisch vor den Computer oder packt sein Instrument aus und stimmt es und ...

... setzt an!

Ja man setzt an, aber das heißt nicht, jetzt ein stures Handeln durchzuziehen.

Der Normalfall ohne Begrenzungen und sonstige Störungen ist der:

Man tut eine Sache einfach ohne sich weitere Gedanken darüber zu machen und genau in dem Moment, an dem das innere Selbst mit seiner Kreativität, seiner Kraft und Begeisterung gebraucht wird, ist es einfach da.

Das ist der ganz normale selbstverständliche Fall. Dahin wollen wir zurückkommen.

Es braucht keine besonderen Methoden und keines besonderen Wissens, um die Ressourcen des inneren Selbst anzuzapfen. Es ist vollkommen selbstverständlich und mühelos immer dann da, wenn es gebraucht wird.

In dem Fall, über den wir gerade sprechen ist es aber doch nicht da, weil sich eine Begrenzung herausgebildet hat, die es blockiert.

Also gehen wir genau an den Punkt, in dem die Mitarbeit des inneren Selbst normalerweise einsetzen würde und stellen uns der ganzen emotionalen Situation wie sie dabei hochkommt.

Es braucht dies ein bisschen ausprobieren und experimentieren. Nehmen wir als Beispiel einen Buchautor mit einer Schreibblockade:

Da wo das innere Selbst normalerweise munter wunderschöne Texte in die Hände fließen lassen würde, passiert nichts. Die Kreativität ist versiegt. Man geht also genau an den Punkt, an dem die Texte ausbleiben und schaut, was passiert. Vielleicht schreibt man ein paar Zeilen und schaut dann wieder, welche Emotionen das hervorruft. Man stellt sich der Situation und konfrontiert sich damit, wie jämmerlich vielleicht das erscheint, was da an Text aus der Feder fließt.

Diese emotionale Konfrontation wird die Gründe für die Blockade nach oben ins Bewusstsein heben.

Ich finde dafür die Wendung sehr passend *ganz in der Situation ankommen*. Sich in genau die Situation begeben, an der die Blockade sich äußert und sich dann der Erfahrung der Blockade ganz öffnen, sich hineinentspannen, alle inneren Widerstände schrittweise aufgeben, bis man ganz entspannt auf dem Grund dieser Situation des blockiert-Seins angekommen ist.

Dann kann man sich darin umschauen. Die Situation, die Erfahrung, die Gefühle verlieren ihren Schrecken. Man beginnt die Ursachen zu sehen. Man wird wieder handlungsfähig.

Das ist die Entkopplung des Handelns von der Situation: zu handeln beginnen in einer Situation, in der es so scheint, als ginge nichts mehr. Das bedeutet vor allem, dass die Aufmerksamkeit wieder mobil wird. Die Aufmerksamkeit traut sich wieder in Bereiche hinein, wo sie vorher nicht mehr hinwollte aus Angst, es könnte sich als wahr herausstellen, was war zu sein scheint, nämlich dass nicht möglich ist, was man sich so sehr wünscht.

Die Aufmerksamkeit ist das Instrument des Egos (äußeres Selbst). Das Lenken der Aufmerksamkeit ist die Domäne des Egos. Mit der Aufmerksamkeit kann man im Prinzip ganz einfach überall hingehen und schauen was passiert. Die Aufmerksamkeit ist die Geheimwaffe, um Lebensbereiche zurückzuerobern, in denen gar nichts mehr zu laufen schien. Die Aufmerksamkeit lasert die Blockaden weg. Dabei verhält sie sich aber vollkommen passiv. Sie richtet sich aus und lässt kommen, was kommt.

Die Aufmerksamkeit wird vollkommen frei, sich zu bewegen, wohin man will durch die Bereitschaft, sich den Gefühlen zu stellen, welche durch bestimmte Bewegungen der Aufmerksamkeit ausgelöst werden. Was Aufmerksamkeit festbindet, ist die Angst vor bestimmten Gefühlen.

Manchmal drängen Gefühle mit Macht nach oben und binden die Aufmerksamkeit. Nachdem sie das aber durften, wird die Aufmerksamkeit wieder frei. Dürfen sie es nicht, bleibt die Aufmerksamkeit gebunden.

Betrachten wir das Handeln mal als einen Prozess bestehend aus
1. Ausrichtung der Aufmerksamkeit
2. irgendeiner Art von Tätigsein, mit den Händen oder sonstwie
3. das Abliefern toller Resultate

Dann liegt der Schwerpunkt der Verantwortlichkeiten so:

Das Ego hat seinen Schwerpunkt im Lenken der Aufmerksamkeit (1.).

Das innere Selbst ist vor allem für das Entstehen guter Resultate verantwortlich (3.).

Den Bereich dazwischen (2.) teilen sie sich irgendwie.

Wir entlasten damit das Ego bzw. Alltags-Bewusstsein von seiner schweren Verantwortung, perfekte Resultate hinbiegen zu müssen.

Dafür bekommt es aber auch wieder ein bisschen was aufgebrummt: Lenken der Aufmerksamkeit und Öffnung für Erfahrungen.

Wenn Künstler, die schon mal sehr erfolgreich waren anfangen, plötzlich ziemlich bedeutungslose, flache Sachen abzuliefern, dann liegt es häufig auch daran, dass über bestimmte Blockaden einfach hinweggegangen wird. Das ist das Handeln der zweiten Art. Man zieht einfach äußerlich etwas durch, die Tatsache ignorierend und unterdrückend, dass da eigentlich von innen nichts Substanzielles mehr kommt. Ich persönlich finde aber diese Art des Handelns immer noch besser, als ganz aufzugeben.

Das ist ein sehr individueller Prozess: Man muss ganz allein selbst herausfinden, an welchem Punkt die Blockade genau liegt. Noch mal das Beispiel einer Schreibblockade:

- Für den einen kann die Blockade da liegen, wo er den Stift in die Hand nimmt und losschreiben will. Er wird vielleicht eine neue Einstellung zum Schreiben erkennen, die seine Texte wie verrückt sprudeln lässt.
- Für einen anderen kann die Blockade aber auch im Prozess des Schreibens an sich liegen. Der muss dann losschreiben, um im Schreiben zu erkennen, dass die Eigenwahrnehmung seines Schreibens vielleicht stark verzerrt ist: Seine Texte sind nicht so schlecht, wie er denkt.
- Und für noch einen anderen könnte die Blockade erst nach dem Abschluss des Ganzen liegen an der Stelle, wo er sie anderen präsentieren muss. Dieser jenige muss dann sein Werk abschließen, um an den Punkt der Blockade zu kommen, nämlich da, wo er es anderen zeigt.

Und nicht nur der Punkt, an dem die Blockade sitzt, wird von Mensch zu Mensch völlig verschieden sein, sondern auch die Lösung: Während es für den einen die Lösung ist, einen anderen Blickwinkel auf seine Arbeit anzunehmen, kann es für einen anderen die Lösung sein, seinen Arbeitsplatz umzugestalten oder zu verlegen oder oder oder ...

Es geht hier letztlich um Prozesse, die nur das eigene innere Wissen abschließend lösen kann.

Absichtsloses Handeln

Ein Handeln ist auf ein bestimmtes Ziel ausgerichtet. Es verfolgt eine Absicht. Und natürlich ist man sehr daran interessiert, dass dieses Ziel auch erreicht wird.

Trotzdem ist es paradoxerweise von sehr großem Vorteil für die Effektivität des Handelns, wenn man während des Handelns das Ziel in gewisser Weise loslassen kann:

Man akzeptiert den Verlauf und Ausgang des Handelns - egal wie er ist.

Das ist absichtsloses Handeln.

Es ist das Gegenteil davon, etwas erzwingen zu wollen.

Absichtsloses Handeln bedeutet, das Handeln - wenn es denn einmal in Gang ist - auch als Erfahrung zu akzeptieren, einschließlich seiner Ergebnisse.

Es betrifft die generelle Einstellung zum Handeln und das konkrete Verhalten während des Handelns.

Die Einstellung des absichtslosen Handelns bezieht sich darauf, nicht auf einen bestimmten Ausgang festgelegt zu sein. Das klingt paradox - ist es aber nicht. Man kann ein bestimmtes Ziel anpeilen und dennoch auch für den Fall offen sein, dass es mit diesem Handlungsversuch nicht erreicht wird oder nicht so, wie man beabsichtigte.

Das Verhalten während des absichtslosen Handelns ist davon geprägt, Wendungen, Verlauf und Ergebnis offen hinzunehmen, egal wie sie sind.

Das schließt nicht aus, korrigierend einzugreifen, aber das nur dann, wenn es als klare Möglichkeit erscheint. Es ist nämlich ein Unterschied, ob ein Handeln einer klaren Möglichkeit zur Lösung folgt oder einer Verneinung entspringt: "Ich muss etwas tun, weil es nicht geht".

Absichtsloses Handeln ist locker und offen.

Das Gegenteil des absichtslosen Handelns ist angespannt und verkrampft, weil es vor der Aufgabe steht, ein Ergebnis unbedingt herbeiführen zu müssen, das vielleicht gerade nicht so richtig eintreten möchte.

Nun ist das so leicht gesagt mit dem absichtslosen Handeln. Es scheint vielfach ganz einfach gar nicht möglich zu sein. Und was soll das überhaupt mit dem absichtslosen Handeln? Warum nicht einfach das Ergebnis erzwingen und gut ist?

Die Ursache des erzwingen Wollens liegt in materieller Weltsicht. Materielle Weltsicht ist auf den Anschein angewiesen. Wenn ein Handeln negativ ist, bestätigt das per materieller Verwirklichung, dass es nicht geht und die materielle Verwirklichung ist in materieller Weltsicht maßgebend.

Geistige Weltsicht lässt sich vom Anschein eines negativen Ergebnisses nicht beirren und macht einfach absichtslos weiter. Ein Handeln, das nicht wie gewünscht verläuft, ist ja unter anderem auch eine Erfahrung, der man sich öffnen kann. Und das führt zur Erkenntnis.

Geistige Weltsicht weiß, dass sie früher oder später in diesem Prozess mit Sicherheit erfolgreich sein wird, während materielle Weltsicht aber mit jedem negativen Versuch ihre Chancen schwinden sieht, denn der materiell verwirklichte Anschein ist hier das Ausschlaggebende.

Gut, aber was soll das schon schaden, die Dinge ein bisschen zu erzwingen?

Wenn es nötig ist, eine Sache zu erzwingen, dann bedeutet das im Umkehrschluss, dass der Handlungsstrang nicht erfolgreich verläuft. Das ist eine Erfahrung. Indem man darauf reagiert, um es doch noch hinzubiegen, reagiert man gleichzeitig auf die Idee "Es geht nicht".

Und was das bedeutet, das muss ich hoffentlich nicht noch einmal betonen. Oder doch? Es bedeutet, dass die Verwirklichung der Idee "Es geht nicht" vorangetrieben wird.

Um eines noch mal ganz klarzustellen:

Es geht hier nicht darum, Handlungsstränge immer irgendwie laufen zu lassen, ohne jemals korrigierend einzugreifen:

Die Frage ist, was der Auslöser für diese Korrektur ist. Ist der Auslöser

"Es geht nicht"

oder

"Ich sehe eine klare Möglichkeit, doch noch zum Ziel zu kommen.

Letzteres widerspricht absichtslosem Handeln in keiner Weise.

Ist der Antrieb und Auslöser der Korrektur verneinend oder bejahend? Das ist die entscheidende Frage.

Gut, aber wie soll man dann zum Ziel kommen, wenn absichtsloses Handeln immer negative Resultate akzeptiert?

In der Praxis wird man feststellen, dass die Einstellung absichtslosen Handelns zu einer sehr viel besseren Trefferquote führt, als man es vorher kannte. Wenn Fehlversuche auftreten, sind sie beispielsweise durch falsche Vorstellungen über den Ablauf bestimmter Schöpfungsprozesse verbunden. Indem man sich auch der Erfahrung negativer Resultate locker öffnet, werden sich diese falschen Vorstellungen schrittweise korrigieren.

Positiver und negativer Antrieb

Während man im Allgemeinen gewöhnt ist, beim Handeln nach vorn auf ein Ziel zu schauen, ist aber die eigentlich den Erfolg eines Vorhabens bestimmende Größe der Antrieb und Auslöser eines Handelns bzw. die Idee, welche das Handeln ganz unmittelbar in seinem Entstehen beeinflusst.

Der Idealfall sieht ungefähr so aus:

Das Ziel ist zum Beispiel, sich selbstständig zu machen. Dann sieht man die Möglichkeit dazu und denkt "Das geht ja ganz einfach" und legt sofort los.

Der Auslöser ist "Es ist einfach", "Es ist möglich"

Ich nenne das *einen positiven Antrieb*.

Denkt man hingegen "Das wird mir wohl kaum gelingen", "Oh, oh, das wird schwierig" oder "Vermutlich werde ich es wie meistens nicht schaffen" und dann beginnt man sich ganz besonders anzustrengen, damit es vielleicht doch noch etwas wird, dann ist das *ein negativer Antrieb*.

Positiver Antrieb unterstützt das Gelingen des Vorhabens, negativer Antrieb wirkt dem entgegen.

Es gibt das bekannte Phänomen, dass man sich um etwas bemüht und bemüht und es klappt einfach nicht. Dann gibt man es auf und bums gibt es doch noch einen Erfolg nachträglich.

Das liegt genau am negativen Antrieb.

Es ist ein sehr verbreitetes Phänomen, aus negativem Antrieb heraus zu handeln, weil man denkt, die Ziel-Idee sei für den Erfolg eines Handelns allein ausschlaggebend. Und das ist sie aber nicht, sondern Auslöser und Antrieb des Handelns sind entscheidend (dass man das Ziel überhaupt kennt, mal vorausgesetzt).

Bedeutet das nun, dass man sich nur selbstständig machen kann, wenn man freudig denkt, "Das ist einfach"?

Nein, das bedeutet es glücklicherweise nicht.

Wir haben ja das Handeln von der Situation entkoppelt. Welche Ideen und Gefühle da sind und an uns herumzerren ist ganz egal. Entscheidend ist, worauf tatsächlich reagiert wird - von welchen Wahrnehmungen und Ideen man sich tatsächlich antreiben, leiten und bestimmen lässt.

Dass es zerrt und zieht und treibt, das kann man nicht direkt ändern und es wäre auch weder nötig noch sinnvoll. Aber man kann aufhören, sein Handeln davon bestimmen zu lassen.

Ich nenne das, *einen negativen Antrieb durchlaufen lassen*.

Es ist immer wieder das gleiche Prinzip: In dem Moment, in dem man nicht mehr auf einen negativen Antrieb reagiert, verstärkt er sich - er kommt richtig hoch. Und diesem Gefühl öffnet man sich dann.

Ein Handeln kann allein von einem positiven oder allein von einem negativen Antrieb bestimmt sein - viel häufiger ist aber, dass sich verschiedene Antriebe mischen.

Beispiel:

Man baut sich eine neue Existenz in seinem Traumberuf auf, während man aber zunächst weiter auch im alten Job tätig sein muss, bis die neue Existenz genügend Einkommen erzeugt.

Nachdem man sich über den alten Job mal wieder so richtig geärgert hat, denkt man, "Ich muss mich mehr beeilen und anstrengen, damit es mit meiner neuen Existenz schneller vorangeht."

Zu einem eventuell vorhandenen positiven Antrieb, kommt jetzt ein negativer Antrieb hinzu. Während man mit einem Teil seiner Energie vielleicht nach wie vor das gewünschte Ziel vorantreibt, entwickelt man aber mit einem anderen Teil seiner Energie die Idee "Ich hasse meinen Job" weiter.

Negativer Antrieb ist immer Druck und Müssen. Er führt über kurz oder lang zu starken Abweichungen vom Willen. Man ist tätig, weil man sich dazu gezwungen fühlt ("Der alte Job ist ja so unerträglich").

Das Ganze schaukelt sich auf bis zu einer handfesten Krise und bis entweder gar nichts mehr geht oder die Reaktion auf den negativen Antrieb eingestellt wird.

Negative Antriebe erzeugen Wellen des Scheiterns. Solange negativer Antrieb im Spiel ist, kommt man immer wieder unweigerlich an Punkte, an denen es nicht vor und zurückgeht. Das liegt ganz einfach daran, dass sich die Ideen des negativen Antriebs als Erfahrungen realisieren.

Es ist wie ein natürlicher Prozess, der den energetischen Antrieb eines Projektes oder Vorhabens reinigt, bis es eine durchweg positive Entwicklung ist.

Wenn man aus negativem Antrieb heraus tätig werden *will*, dann muss man es tun. Es braucht dann die emotionale Krise, um sich von der Idee dahinter zu lösen.

Mit der Zeit lernt man, negative Antriebe ganz unmittelbar in ihrem Auftreten wahrzunehmen und sich dann davon abzukoppeln.

Ein positiver Antrieb beruht auf einer Bejahung. Ein negativer Antrieb beruht auf einer Verneinung.

Positiver Antrieb wird eher als selbst-initiiertes und gewolltes Handeln empfunden, negativer Antrieb als Getriebensein und Müssen.

Negativer Antrieb ist eigentlich immer von Gefühlen getrieben - von negativen Gefühlen. Man würde einem negativen Antrieb gar nicht folgen, wenn da keine Gefühle wären.

Auch ein positiver Antrieb kann von Gefühlen getrieben sein - von positiven Gefühlen. Das ist zum Beispiel der Fall, wenn man denkt "Das geht ja ganz einfach!" und dann mit großer Begeisterung loslegt.

Aber wir sprechen hier über die Auflösung von Blockaden und Begrenzungen. Da kann sich die Begeisterung erst einmal ziemlich rar machen. Positiver Antrieb ist nicht darauf angewiesen, von Gefühlen getrieben zu werden. Auch der Glauben an eine Möglichkeit - wenn diese Möglichkeit noch nicht direkt sichtbar ist und positive Gefühle noch nicht auftauchen - ist ein positiver Antrieb.

Möglichkeiten

Eine Möglichkeit ist ein klarer Weg zum Ziel, den man sieht. Möglichkeiten eröffnen sich, wie Tore die aufgehen. Mit einer Möglichkeit ist das Wissen verbunden, das Ziel auf diesem Weg direkt zu erreichen. Das Erscheinen einer Möglichkeit ist mit Freude, Begeisterung und Energie verbunden.

Wie entstehen Möglichkeiten?

1. Durch die mit einem Wunsch verbundenen Emotionen.

2. Durch den Glauben an ihre Existenz

Wenden wir uns zunächst den Emotionen zu:

Mit jedem Wunsch, der wirklich relevant ist, gehen Gefühle einher: Hält man den Wunsch für erfüllbar, sind die Gefühle positiv, hält man ihn nicht für erfüllbar, sind die Gefühle negativ. Für das Auftauchen von Möglichkeiten spielt es keine Rolle, ob die Gefühle positiv oder negativ sind. Hauptsache man öffnet sich diesen Gefühlen und lässt sie hochkommen.

Bei stark emotionalen Wünschen neigt man sehr schnell dazu, das Gegenteil zu tun und die Gefühle zu unterdrücken, weil dann die Angst davor, dass sie nicht erfüllbar sein könnten, gleich mit auf den Plan gerufen wird.

Aber die mit einem Wunsch verbundenen Emotionen sind sozusagen der Motor, der den Wunsch in seine Erfüllung treibt.

Nun zum zweiten Punkt:

Eine Möglichkeit entsteht dadurch, dass man an sie glaubt.

"Ich glaube aber nicht an eine Möglichkeit, was soll ich denn machen?"

Und hier sind wir wieder bei der Frage angelangt, was glauben eigentlich bedeutet:

Glauben bedeutet nicht unbedingt, dass es wahr erscheint und glauben bedeutet auch nicht unbedingt, dass es sich wahr anfühlt.

Aber glauben bedeutet, dass man sich entsprechend verhält.

Das bedeutet, ins Handeln zu gehen, obwohl keine Möglichkeit sichtbar ist und es auch nicht so erscheint, als ob überhaupt eine existiert.

Andererseits kann man nicht kraftvoll zu einem Ziel hinhandeln, wenn keine Möglichkeit sichtbar ist. Das würde ganz schnell in einem negativen Antrieb enden.

Das scheint zunächst wie ein Widerspruch.

Aber der Widerspruch löst sich auf, wenn man sich das Handeln in verschiedene Phasen unterteilt vorstellt:

- Das kraftvolle zielorientierte Handeln, welches direkt das Ergebnis hervorbringt: Das ist nur möglich, wenn eine Möglichkeit gesehen wird.
- Ein vorbereitendes Handeln, welches sachte, flexibel und offen das Handlungsumfeld nach Möglichkeiten abtastet, bis es welche findet.

Zu diesem vorbereitenden Handeln gehört

- sich in entsprechende Situationen begeben, so dass Möglichkeiten überhaupt auftreten können
- dem Thema seine Aufmerksamkeit zuwenden
- Konkrete Voraussetzungen zum Handeln herstellen, z.B. die jeweilige Arbeitsumgebung einrichten
- und tatsächlich soweit gehen, dass man entweder damit konfrontiert wird, dass eben keine Möglichkeit da ist oder sich die Möglichkeit zeigt
- aber nicht darüber hinaus. Denn dann setzt sehr schnell negativer Antrieb ein

Segeln ist dafür ein gutes Beispiel:

- Zum Segeln selbst braucht man Wind. Ist kein Wind da, kann man nicht segeln. Dann kann man nur warten, dass Wind kommt.
- Es hat aber wenig Zweck irgendwo ohne Wasser und Segelboot auf den Wind zu warten oder überhaupt gar nicht mal nachzuschauen, ob da Wind ist. Und das ist das vorbereitende Handeln: Man begibt sich in die Situation hinein, wo man direkt lossegeln könnte, wenn Wind da wäre. Man tut es auch auf die Gefahr hin, dass vielleicht kein Wind da ist. Und man tut es auch noch ein drittes Mal, wenn zweimal kein Wind da war.

Es ist dieser eine Punkt, der schon verschiedentlich erwähnt wurde und den man aber nicht oft genug erwähnen kann:

Eine Sache anzugehen, obwohl sie nicht möglich oder sinnlos oder aussichtslos erscheint - weil man es will. Das ist das A und O. Genau an diesem Punkt scheidet es sich: Ob man sein Ziel jemals erreichen wird oder nicht. Und das kann wirklich eine Entscheidung sein, die einen Menschen fordert, weil der Anschein so was von total überzeugend sein kann, dass es keinen Sinn hat, es zu versuchen.

Und dann aber gleichzeitig - das wäre der zweite wichtige Punkt - wenn es nicht geht: Das negative Resultat offen hinnehmen.

Und es bei nächster Gelegenheit wieder versuchen.

Nun gibt es Situationen, da ist selbst dieses vorbereitende abtastende Handeln sowas von vollkommen erfolglos, dass man nur entweder die Wahl hat in negativen Antrieb zu verfallen und wie ein Irrer mit dem Kopf gegen die Wand zu rennen, wovon ich hiermit ausdrücklich abgeraten haben wollte (obwohl ich es selbst schon ziemlich oft praktiziert habe - das sieht man mir aber heute nicht mehr an) oder das Handeln ganz einzustellen.

Und da greifen dann die Gefühle. Wenn man für einen Wunsch nichts tun zu können glaubt und auch nichts tut, werden die negativen Gefühle sich kontinuierlich verstärken. Es kommt zu einer Krise.

Häufige Ursache für derartige Krisen sind falsche Vorstellungen, auf welchem Weg bestimmte Ziele erreicht werden können.

Wenn man die Krise kommen lässt, werden die Möglichkeiten sich zeigen. In vielen Fällen wird man feststellen, dass die Möglichkeiten schon die ganze Zeit da waren und man sie bloß nicht gesehen hat.

Es steht hinter den Ideen dieses Kapitels auch die Frage nach dem Sinn dieser Welt: Macht sie Sinn oder nicht?

Welchen Sinn sollte es haben, dass emotionale Wünsche da sind, wenn sie sich dann nicht erfüllen lassen?

Wenn emotionale Wünsche da sind, dann gibt es auch Möglichkeiten zu ihrer Erfüllung.

Im Idealfall ändert das Aufscheinen einer Möglichkeit bleibend die emotionale Situation:

Beispiel: Man hat sich schon so oft vorgenommen, endlich mehr Sport zu machen, aber es klappt nicht und ist auch so mühsam. Eines schönen Tages ist die Situation total verändert: Man freut sich schon aufs Laufen (oder was auch immer), der Tagesablauf ändert sich ganz leicht, man kauft sich ein bisschen Ausrüstung und man wundert sich, wie schön das alles ist und warum man das noch nicht immer so gemacht hat.

Das wäre eine sehr starke Möglichkeit. So ist es aber nicht immer.

Oft ist es so, dass eine Möglichkeit erscheint ... und wieder verschwindet.

Sie verschwindet aber nicht ganz, denn man erinnert sich noch daran. Nur die emotionale Situation verschwindet wieder. Die rationale Erinnerung bleibt.

Das innere Selbst hat einen Weg aufgezeigt. Dem kann man auch dann folgen, wenn die starke emotionale Überzeugung, welche man im Moment des Aufscheinens der Möglichkeit gespürt hat, zunächst erst einmal wieder verschwindet.

Das sind Momente inneren Sehens. Auch wenn diese Momente wieder verschwinden, so zeigen sie dennoch die Wahrheit. Dieser Wahrheit kann man vertrauen - und folgen.

Das erscheint nur so schwierig, solange das Handeln nicht von der Situation entkoppelt stattfinden kann. Denn dann ist man auf eine Situation angewiesen, wo die Emotionen das Handeln antreiben.

Wenn aber das Handeln von der Situation entkoppelt ist, kann man auch einer Möglichkeit folgen, die man nur noch rational aus der Erinnerung kennt.

Das ist der klassische Fall *Motivations-Seminar*. Auf dem Seminar ist alles klar: "Alles ist möglich!" Wieder zu Hause - spätestens nach ein paar Tagen - die ernüchternde Erkenntnis "Das war ja wohl nix". Die euphorischen Gefühle erscheinen wie eine bedeutungslose Illusion ohne auch nur einen Funken von Wahrheit.

Und so kann es auch mit Möglichkeiten gehen.

Das Handeln von der Situation zu entkoppeln bedeutet, trotzdem zu handeln beginnen, auch wenn man die Wahrheit gerade nicht fühlen kann. Das Wissen um die Wahrheit - das Glauben - liegt jenseits aller Gefühle.

Visionen

An Möglichkeiten glauben, wo noch keine sichtbar sind - das ist die Grundlage für Visionen.

Visionen sind Ziele, zu denen ein Lösungsweg noch nicht bekannt ist.

Visionen sind große Ziele. Visionen sind Ziele welche den, der sie hat, individuell begeistern.

Visionen geben Sinn - Lebenssinn.

Visionen sind inhaltlich konkret.

"Ich möchte das größte Unternehmen der Welt aufbauen" oder "das meiste Geld verdienen" ist in diesem Sinne keine Vision.

Genau das kann sich aber aus großen Visionen ergeben: ein großes Unternehmen und hoher finanzieller Verdienst.

Visionen zu haben bedeutet, die Zielsetzung von Machbarkeitsüberlegungen zu entkoppeln. Das Ziel ist zuerst da. Es spielt keine Rolle, ob das Ziel erreichbar erscheint.

Wichtig ist aber, einen persönlichen Bezug dazu zu haben. Denn die Verwirklichung einer Vision verlangt einem Menschen vielleicht alles ab: vor allem die Bereitschaft, sich Hindernissen und Begrenzungen zu stellen und sie zu überwinden.

Visionen sind die Grundlage für herausragende Produkte und Leistungen, die es dann nicht mehr nötig haben, sich über den Preis, das billigste Angebot oder irgendwelche absurden Werbeformen zu verkaufen.

Visionen sind die Grundlage für Produkte und Leistungen, welche Menschen ganz einfach haben wollen - auch wenn sie nicht die billigsten sind.

Der Witz an einer Vision ist, dass sie ein Handeln auslöst, welches nach Lösungswegen und Möglichkeiten Ausschau hält, wo ohne Vision weder ausprobiert noch überhaupt hingeschaut würde.

Und genau dieses Handeln eröffnet sie dann - die Möglichkeiten und Lösungswege.

Materielle Weltsicht

Wir werden uns jetzt mit dem Hintergrund einer materiellen Weltsicht beschäftigen:

Wie kommt es zu einer solchen Sichtweise?

Die materielle Weltsicht hat ihren Anwendungsbereich und ihre Berechtigung.

Die Probleme entstehen erst dadurch, dass die materielle Weltsicht über den Bereich hinaus, in dem sie funktioniert, verallgemeinert wird auf einen Bereich, in dem sie nicht mehr funktioniert.

Bevor wir uns das im Detail anschauen können, müssen zwei Begriffe geklärt werden: Wahrheit und Konzepte

Wahrheit

Die materielle Weltsicht - allen voran die Wissenschaft - aber in der Folge auch die meisten Menschen - geht von einer objektiven Wahrheit aus.

Was heißt das?

Eine gleiche Wahrheit für alle!

"Das ist doch auch so", werden jetzt viele denken.

So so, ist es das?

Es wird aber sicher niemand bestreiten, dass es - abgesehen von ein paar wenigen grundlegenden Gesetzmäßigkeiten, über die es tatsächlich übereinstimmende Ansichten gibt - vor allem sehr sehr viele unterschiedliche Ansichten darüber gibt, was denn nun diese eine Wahrheit sei.

Die Menschheit ist eigentlich einen nicht zu unterschätzenden Teil ihrer Zeit - wenn nicht gar die meiste Zeit - damit beschäftigt darüber zu streiten, was denn nun diese eine objektive Wahrheit ist. Da kann man wirklich nur froh sein, dass wenigstens ein paar Dinge wirklich abschließend geklärt sind, z.B. dass die Erde eine Kugel ist. (Viel mehr Beispiele fallen mir allerdings auch gerade nicht ein.)

Diese eine objektive Wahrheit hat abgesehen von dem vielen Gezerre und Gestreite noch ein paar andere Nachteile:

Da es nur eine Wahrheit für alle gibt, braucht es auch immer nur einen, um sie herauszufinden und festzulegen: den Experten.

Der Experte erledigt das für alle anderen und die müssen es dann glauben. Auf den ersten Blick klingt das sehr praktisch: Braucht man sich doch nicht selbst darum zu kümmern.

Auf den zweiten Blick ist es dann aber doch nicht so praktisch: Es ist eine äußere Wahrheit und sie gilt, egal was das eigene Innere dazu sagt. Es spielt keine Rolle, ob diese Wahrheit in den eigenen Gefühlen, im eigenen Empfinden und im eigenen Handeln zu Konflikten führt: "Der Experte hats gesagt und damit basta!" Da muss man nun sehen, wie man damit klarkommt.

Der Einzelne ist an der Wahrheit nicht beteiligt, er ist auf die Experten angewiesen. Und falls er zufällig das Glück hat, selbst ein Experte zu sein, so gibt es immer noch genügend andere Bereiche, wo er genauso dämlich dran ist, wie alle anderen.

Die Alternative wäre eine subjektive Wahrheit: Der Einzelne entscheidet selbst, was für ihn wahr ist. Das macht natürlich nur Sinn, wenn darüber Einigkeit besteht, dass das nicht nur für einen selbst gilt, sondern dass auch die anderen Menschen Ansichten haben dürfen, die von den eigenen verschieden sind.

Das hat auf jeden Fall einen Vorteil: Man muss sich nicht mehr streiten. Man muss auch nicht diskutieren. Und man muss auch nicht überzeugen. Welche Erleichterung!

Die Erleichterung ist aber nicht von langer Dauer, denn sofort meldet sich das erste Problem: Wie soll man das denn alles selbst herausfinden? Vorher hatte man die Experten und jetzt soll man alles selbst machen? Unmöglich!

Machen wirs kurz:

- eine subjektive Wahrheit beschränkt sich auf das, was für einen Menschen tatsächlich von praktischem Interesse ist
- Experten bzw. die Ansichten anderer Menschen gibt es natürlich trotzdem: Man nimmt sie - so man das will - als Ausgangspunkt für eigene Erfahrungen
- wahr ist aber vor allem das, was für einen Menschen tatsächlich praktisch funktioniert, was ihm zu Erfüllung, Freude, Erfolg und Energie verhilft oder zu dem, was auch immer er anstrebt.
- subjektive Wahrheit ist zweckgebunden bzw. zielorientiert: Sie dient den persönlichen Zielen eines Menschen. Es macht in dieser Sichtweise keinen Sinn, Wahrheit um der Wahrheit willen anzuhäufen, wenn man keine Anwendung dafür hat. (Es sei denn, man hat daran Spaß.)

Dabei ist selbstverständlich, dass die subjektive Wahrheit von Mensch zu Mensch verschieden sein kann.

Für diese Wahrheit eignet sich auch der Begriff Nützlichkeit.

Die objektive Wahrheit wird durch subjektive Nützlichkeit ersetzt. Die Erkenntnisse anderer Menschen können eine Hilfe sein, werden aber im praktischen Gebrauch an die eigenen Bedürfnisse angepasst.

Die Frage ist nicht mehr "Ist es wahr?" sondern "Funktioniert es für mich?".

Und um all die vielen Wahrheiten, die für das eigene Leben gerade gar nicht relevant sind, muss man sich nicht mehr kümmern - außer man will das. Dieser Wahrheitsbegriff entbindet den Menschen davon, möglichst viel von dieser objektiven Wahrheit im eigenen Kopf horten zu müssen. Das schafft Platz fürs Wesentliche.

Denn seien wir mal ehrlich: Dass die Erde eine Kugel ist, ist für die Raumfahrt sicher wichtig. Wäre die Erde eine Scheibe oder ein Würfel müsste man vermutlich raumfahrttechnisch einiges anders machen. Aber für mich? Ich bin kein Raumfahrer! Na ja, immerhin ist es beruhigend, dass ich beim Spazierengehen nicht irgendwo herunterfallen kann, weil die Erde ja eine Kugel ist. Aber ich hätte sowieso ein bisschen darauf geachtet.

Andererseits gibt es Fragen, die für mich persönlich von wirklich brennendem Interesse sind:

Wie komme ich möglichst leicht und mit möglichst viel Spaß dabei zu möglichst viel Geld?

(Bücherschreiben ist diesbezüglich mein neuster Versuch.)

Es ist zu dumm, dass sich Experten, die doch sonst so viel herumtönen, in dieser Frage eher bedeckt halten. Und auch Schule und Studium haben nicht wirklich viel dazu hergegeben. Da muss mans dann eben selbst herausfinden.

Nun ist es genau genommen so, dass es sich bei objektiver und subjektiver Wahrheit nicht um Alternativen handelt. Sondern die subjektive Wahrheit schließt die objektive Wahrheit ein. Die subjektive Wahrheit ist der allgemeinere Begriff und die objektive Wahrheit ist eine spezielle Erscheinungsform von ihr.

Das sage ich nicht etwa, weil ich ein Fan von subjektiver Wahrheit bin, sondern das ist wirklich so:

Wenn die subjektiven Wahrheiten nahezu aller Menschen übereinstimmen, dann sieht es aus wie objektive Wahrheit. Und es gibt eben diese Bereiche, wo das der Fall ist:

Kein Mensch will heute mehr darüber streiten, dass die Erde eine Kugel ist.

Aber früher haben die Leute darüber gestritten! Und heute ist es klar. Daraus wiederum könnte man schließen, dass über all die Dinge, über die heute gestritten wird, irgendwann Einigkeit herrschen wird. (Und damit dann möglichst der eigene Standpunkt die Wahrheit ist, streiten wir munter weiter, um uns auch möglichst durchzusetzen.)

Aber es gibt in der Tat Bereiche, wo der Begriff der objektiven Wahrheit nicht anwendbar ist und niemals anwendbar sein wird - und das sind nicht wenige und auch nicht unwesentliche Bereiche.

Konzepte

Wenden wir uns jetzt dem grundlegenden Wesen von Sprache und rationalem Denken zu. (Ja, in diesem Buch geht es wirklich ans Eingemachte.)

Nun habe ich gerade ein ganzes Kapitel über Wahrheit verfasst und dennoch nicht gesagt, was die Wahrheit eigentlich wirklich ist!

Subjektive und objektive Wahrheit sind nämlich nicht die Wahrheit. Sie sind lediglich Beschreibungen der Wahrheit.

Die Wahrheit ist, wie die Realität wirklich und tatsächlich ist.

Der Mensch ist Wahrheit, weil er ein Teil der Realität ist.

Aber was er für Wahrheit verkauft, ist nicht die Wahrheit. Es ist eine Beschreibung der Wahrheit. Es ist eine Annäherung an die Wahrheit.

Wahr ist, was wirklich ist.

Die einen sagen "Die Materie war zuerst da und aus der Materie ist bestimmten Naturgesetzen sei Dank der Mensch mit seinem Geist entstanden".

Die anderen sagen "Der Geist war zuerst da und hat die Materie erschaffen, um sich einen Rahmen für bestimmte Erfahrungen zu geben."

Darüber kann man lange diskutieren, aber eins ist klar: Die Realität ist irgendwie. Daran gibt es nichts zu rütteln. Auch wenn einer gut diskutieren kann, wird er nicht ändern, was die Realität tatsächlich ist.

Die beiden oben genannten Aussagen sind lediglich Beschreibungen der Realität. Und das ist eine der Grundfunktionen von Sprache und rationalem Denken:

Beschreibungen der Realität (oder auch der Wahrheit) zu verfassen.

Und diese Beschreibungen können der Realität mehr oder weniger gut entsprechen.

Eine weitere Grundfunktion von Sprache und Denken wäre, diese Beschreibungen der Realität anderen Menschen zu kommunizieren.

Und damit ist klar: Die Wahrheit an sich ist nicht übermittelbar - zumindest nicht auf diese Weise. Die Wahrheit kann niemals von außen kommen. Die Wahrheit kann nur in sich selbst gefunden werden. Von außen können lediglich Hinweise kommen, die innerer Erkenntnis auf die Sprünge helfen.

Aber wie findet man heraus, welche Beschreibung der Realität mehr entspricht?

Man entscheidet sich für eine Sichtweise und schaut sich an, wo man ganz praktisch gesehen damit landet.

Läuft alles zur allgemeinen Zufriedenheit, braucht man nichts ändern. Fährt der Karren an die Wand, lohnt es sich vielleicht, neue Sichtweisen in Betracht zu ziehen.

Aber das ist geistige Weltsicht: Der Mensch kann sich in Sprache und Denken der Wahrheit nähern, aber er kann sie - zumindest mit diesem Instrument - niemals direkt erfassen.

Das Ziel ist es nun, Beschreibungen der Realität zu finden, die möglichst gut funktionieren.

Diese Beschreibungen kann man auch als Konzepte bezeichnen.

So wie eine Landkarte eine Landschaft beschreibt, so beschreiben die Konzepte die Realität (Realität = Wahrheit).

Es sind verschiedene Landkarten denkbar: Straßenkarten, Höhenkarten, Wanderkarten, Rohrverlegungskarten, Vegetationskarten.

Ebenso sind verschiedene Konzepte denkbar - je nachdem, welcher Zweck verfolgt wird, können andere Konzepte nützlich sein.

Konzepte sind Wegwerfartikel. Man wendet sie an, solange sie nützlich sind und legt sie ab, wenn sie zur Begrenzung werden.

Nicht nur, weil sie wie eine Vegetationskarte nur einem eng begrenzten Zweck dienen und man für andere Zwecke andere Karten braucht, sondern auch, weil sie lediglich Annäherungen an die Realität sind.

Und es ist klar, dass eine Annäherung, die zu einem Zeitpunkt gut ist, später vielleicht durch eine noch präzisere Annäherung ersetzt wird. Eine ungenaue Straßenkarte, mit der man sich oft verfahren hat, wird durch eine genauere Straßenkarte ersetzt.

Das ist die allgemeine Betrachtungsweise. Nun gibt es aber wieder dieses Konzept "Die Erde ist eine Kugel" Das stimmt doch, oder? Das ist doch nicht bloß eine Annäherung! Das ist doch die Wahrheit, wie sie ist!

Genau. Wie auch schon im letzten Kapitel gibt es wieder den Spezialfall eines Konzeptes, das Bestand hat.

Der Irrtum besteht lediglich darin, grundsätzlich an Konzepte den Anspruch zu stellen, Bestand haben zu müssen - eben wahr zu sein.

In materieller Weltsicht geht es immer darum "Ist ein Konzept wahr oder ist es falsch?"

Und in geistiger Weltsicht geht es darum "Nützt es mir JETZT?" Und auch wenn sich morgen herausstellt, dass es mir nicht mehr nützt, hebt das nicht auf, dass es mir heute genützt hat.

Der Ursprung einer materiellen Weltsicht

Schauen wir uns zunächst an, wo materielle Weltsicht funktioniert:

In der unmittelbaren Untersuchung der Materie und der Beschreibung materieller Gesetzmäßigkeiten:
- Wie ist eine Zelle aufgebaut?
- Wie vermehren sich die Eichhörnchen?
- Was passiert, wenn man einen Stein auf eine Glasplatte fallen lässt?

Die Materie wird untersucht und wenn man feststellt, dass sie sich immer wieder auf die gleiche Weise verhält, zieht man eine Schlussfolgerung und macht ein Gesetz daraus:

Man misst für mehrere Gegenstände verschiedener Größe und unterschiedlichen Gewichts die Zunahme der Fallgeschwindigkeit und stellt fest, dass die Beschleunigung durch die Erdanziehungskraft immer wieder die gleiche ist. Und obwohl sie es noch nicht für alles und jedes ausprobiert hatten, wurde es den Experten irgendwann langweilig, das Experiment wieder und wieder durchführen zu müssen und sie haben stattdessen den Schluss gezogen, dass das wohl immer so sein müsse: Alle zur Erde fallenden Körper unterliegen der gleichen Beschleunigung. Es wurde ein Gesetz daraus.

(Nebenbei bemerkt sieht man hier, wie ich sehr geschickt das Konzept des Konzeptes anwende: Ich vereinfache die Sache so, das sie meinen Zwecken optimal dient. Wahrheitsfanatiker haben natürlich längst altklug bemängelt: "Aber die Erdbeschleunigung ist gar nicht überall gleich, weil die Erde keine Kugel sondern ein Ellipsoid ist". Soviel zum Bestand des Konzeptes "Die Erde ist eine Kugel". Hat kaum ein Kapitel lang gehalten! Aber bezogen auf einen bestimmten Punkt der Erdoberfläche stimmt es natürlich, dass die Beschleunigung durch die Erdanziehung für alle Körper gleich ist.)

Wir sehen folgendes Muster:
1. Beobachtung der Materie
2. Schlussfolgerung
3. Verallgemeinerung

Es ist klar, wo der Schwachpunkt liegt:

In der Verallgemeinerung der Schlussfolgerung: Wie will man wissen, ob das immer gilt, wenn man es gar nicht für alles ausprobiert hat?

Das klingt natürlich ein bisschen kleinlich. Natürlich kann man eine solche Verallgemeinerung treffen! Weil wir eben im Bereich der unmittelbaren Untersuchung der Materie sind. Dort funktioniert die materielle Weltsicht.

Materie => Schlussfolgerung => Verallgemeinerung (Naturgesetz)

Aber wir werden gleich sehen, wo die materielle Weltsicht ganz und gar nicht mehr funktioniert und das liegt nicht nur an der Verallgemeinerung, sondern auch die Schlussfolgerung selbst wird noch manche Überraschung parat halten.

Die irrtümliche Verallgemeinerung

In Kurzform gilt für die materielle Weltsicht folgendes:

Materie => Wissen

Und das funktioniert recht passabel im Bereich des unmittelbaren Studiums der Materie und ihrer Eigenschaften.

Materielle Weltsicht macht dann aber folgende Verallgemeinerung:

Welt => Wissen

und

Erfahrung => Wissen

Sie glaubt, das tun zu können, weil sie die Welt für eine materielle Welt hält:

Alles ist aus der Materie entstanden: vor allem alles Leben und auch der menschliche Geist. (Das glaubt die materielle Weltsicht - ich nicht!)

Die Unterscheidung Welt - Materie macht in einer materiellen Welt eigentlich keinen Sinn, da alles (die ganze Welt) auf Materie basiert.

In einer geistigen Welt, ist die Materie aber nur ein Aspekt von vielen anderen. Die menschliche Erfahrung zum Beispiel ist dann ein anderer Aspekt, der völlig anderen Gesetzmäßigkeiten unterliegt.

Und das ist ein Fakt!

Die Mehrzahl aller menschlichen Probleme - vor allem auch die großen - schier unlösbaren - ergibt sich daraus, dass man dem Bereich der menschlichen Erfahrung mit den gleichen Denkmustern zu Leibe rückt wie der Materie.

Im Bereich der Erfahrung gilt:

Geist => Erfahrung

Der Geist erschafft die Erfahrung. (Er weiß nur nicht wie, weil materielle Weltsicht ihn hindert, die Zusammenhänge zu sehen.)

Materielle Weltsicht macht daraus ein

Erfahrung => Geist

Der Erfahrung wird ebenso eine unabhängige objektive Existenz zugeschrieben wie der Materie. Es wird nicht gesehen, dass die Erfahrung eine geistige Schöpfung ist.

Infolgedessen bewegt man sich in den engen Grenzen, welche bestehende Erfahrungen vorgeben, ohne diese ändern oder verlassen zu können.

Beispiel "Ich bin dick"

geistige Weltsicht:

"Ich bin dick, weil eine bestimmte Kombination von Ideen und Verhalten es erzeugt hat. Genauso, wie ich dick bin, kann ich auch schlank sein."

materielle Weltsicht:

"Ich bin dick, weil Schokolade dick macht oder weil ich so viele Kalorien zu mir nehme oder weil mein Körper die Nahrung so gut verwertet oder weil man dick wird, wenn man nicht viel Sport macht"

Nun wird so mancher sagen "Aber ich kann doch auch in materieller Weltsicht schlank sein, indem ich ganz viel Sport treibe oder weniger esse oder keine Schokolade mehr esse."

Ja, natürlich kann man das.

Aber: Wie vielen Menschen gelingt das?

Und: Immer Sport treiben müssen: ganz schön anstrengend.

Und: Keine Schokolade mehr essen: ganz schön schade!

Der Sinn der Materie

Noch mal zurück zur materiellen Weltsicht

Materie => Wissen

Der Mensch bezieht sein Wissen über die unmittelbaren Eigenschaften der Materie aus deren Untersuchung. (Und wie schon erwähnt, gibt es dagegen auch wirklich nichts einzuwenden.)

Aber auch das ist offensichtlich eine Begrenzung. Der Mensch kann die unmittelbaren Randbedingungen der Materie nicht einfach außer Kraft setzen:

- Er unterliegt der Erdanziehungskraft - ob ihm das passt oder nicht
- Er kann seinen Alterungsprozess nicht einfach umkehren - ob ihm das passt oder nicht

Wie verträgt sich das mit der Behauptung, der Mensch sei ein unbegrenztes geistiges Wesen?

Wie verträgt sich das mit einer Idee von Freiheit?

Das ist eine Sache, die in der Tat paradox erscheint:

Der Mensch unterliegt offensichtlichen materiellen Beschränkungen.

Eine materielle Weltsicht stört das nicht. Sie ist an Begrenzungen gewöhnt.

Aber eine geistige Weltsicht weiß: In der schöpferischen Gestaltung seiner Erfahrung unterliegt der Mensch keinen Begrenzungen.

Wie passt das zusammen?

Die Materie ist der Träger von Erfahrung. Die Materie ermöglicht diese Form von Erfahrung, wie wir sie hier auf der Erde machen, überhaupt erst. Die Materie schafft Strukturen, innerhalb derer bestimmte Erfahrungen überhaupt erst möglich werden.

Das geistige Wesen, das der Mensch in seinem Ursprung ist, unterliegt keinen materiellen Beschränkungen. Der Mensch unterwirft sich diesen Beschränkungen im Rahmen seiner Erdenexistenz, weil ihm das eine bestimmte Form von Entwicklung ermöglicht.

Das ist wie mit den Regeln eines Spiels: Fußball ohne Regeln würde wohl kaum Spaß machen. Es wäre eigentlich gar nicht möglich. Erst die Regeln erschaffen das Spiel. Und auch hier haben wir wieder das gleiche Paradox: Obwohl die Regeln an sich klare Grenzen darstellen, ermöglichen sie doch auf der anderen Seite bestimmte Erfahrungen überhaupt erst. Und obwohl die begrenzenden Regeln die Grundlage für das Spiel bilden, sind der Erfahrung und Entwicklung beim Fußball keinerlei Grenzen gesetzt.

Und genauso verhält es sich mit der Materie und der Erfahrung.

Auch die Materie ist eine geistige Schöpfung. Scheinbar macht es nichts, diesen Tatbestand zu ignorieren. Es wirkt sich aber sofort aus, wenn dieser Trugschluss in Bereiche übertragen wird, für die der Mensch vollständige Gestaltungsfreiheit besitzt - eben den Bereich der Erfahrung.

Im Bereich der Erfahrung gelten die materiellen Denkmuster nicht mehr.

Weil diese Welt keine materielle Welt ist.

Sie ist eine geistige Welt, in die durch Materie (als einer speziellen Erscheinungsform von Geist) ein paar Strukturen eingefügt wurden.

Der Darwinsche Trugschluss

Wo ist die Grenze zwischen dem Teil der Welt, dem man materiell beikommen kann und dem Teil, wo das nicht mehr funktioniert?

Betrachten wir das an einem prominenten Beispiel:

Charles Darwin beobachtete die Natur und stellte eine Vielzahl von Zusammenhängen zwischen den Arten fest.

Er erkannte das, was man als *Erscheinungen der Evolution* bezeichnen könnte.

Er untersuchte die Arten auf ihre Unterschiede und Gemeinsa
hin und beschrieb die Phänomene.

So weit so gut. Aber dann zog er daraus einen Schluss.

Und hier kommen wir auf eins der zentralen Probleme einer materiellen Weltsicht: Weil es in einigen Fällen so selbstverständlich und klar ist: Die Sache mit der Erdbeschleunigung und "die Erde ist eine Kugel". Da verfällt man leicht in den Irrtum, man könnte auf diese Weise immer weiter schlussfolgern.

Und dabei bemerkt die liebe Wissenschaft gar nicht, wie sie einen fatalen Bock nach dem anderen schießt und Schlussfolgerungen trifft, die alles andere als exakt und klar sind, sondern die einfach so getroffen werden, weil sie einem gerade so in den Kram passen oder weil Experten ihr Status ein bisschen zu Kopf gestiegen ist.

Dieses Schlussfolgern beruht vor allem darauf, dass bestimmte Annahmen im Hintergrund der Schlussfolgerungen stehen, die nicht genannt und wohl auch meistens gar nicht gesehen werden. Diese Annahmen sind aber das eigentlich Wesentliche: Denn wenn sie nicht stimmen, sind auch die Schlussfolgerungen obsolet.

Charles Darwin zog also einen Schluss aus seinen Beobachtungen:

Er zog den Schluss, dass die Evolution auf bestimmten Gesetzmäßigkeiten (Naturgesetzen) beruht, die nichts mit dem Geist zu tun haben, die unabhängig vom Geist existieren und die wie alle Materie natürlich auch lange vor dem Geist schon da waren.

Die Evolution als ein geistloser Vorgang.

Um das noch mal in aller Klarheit herauszustellen:

Zuerst war da die Beobachtung der Evolutionsphänomene (Stammbäume etc.)

Und dann kam die Schlussfolgerung: Das wird von Naturgesetzen getrieben, die nichts mit dem Geist zu tun haben.

Es geht um die Frage: Wer treibt das, wer lenkt das?

der Evolution, die dann zu Gesetzen ausformuliert and in Frage. Aber sind sie ein Phänomen einer Entwicklung oder sind sie Ursache und Antrieb icklung?

seit mehr als 20 Jahren. Ich habe schon viel ckelt - sehr viel Software. Und ich stelle fest:

eine Softwareprogramme zeigen die gleichen Evolutionserscheinungen, wie sie in der Natur zu finden sind. Sie haben absolut die gleichen Ähnlichkeitsstrukturen.

Ich würde mich allerdings nur ungern als geistloses Gesetz bezeichnet wissen. Ich bin der Schöpfer dieser Programme.

Bei meinen Softwareprogrammen überlebt immer das am besten für seinen Zweck geeignete. Aber nicht ein Gesetz sorgt dafür, sondern ich! Und bitte keine dummen Witze: Ich habe Geist und ich bin Geist!

Und ich tue das nicht, um Darwin die Show zu vermasseln. Das war schon vorher so.

Und noch etwas: Sämtliche menschliche Schöpfungen zeigen diese Evolutionsphänomene und -strukturen.

Die Erscheinungen, die Darwin in der Natur beobachtete, berechtigen nicht zu dem Schluss, dass diese Entwicklungen nicht geistig angetrieben und verursacht sind.

Sämtliche geistige Schöpfungen (menschliche Schöpfungen sind geistige Schöpfungen) zeigen die gleichen Ähnlichkeitsstrukturen.

Die Gesetze, die das Ganze angeblich verursachen sind lediglich Folgeerscheinungen. Ursache und Antrieb dieser Entwicklung ist geistiger Natur.

Wie kommt es zum Darwinschen Trugschluss und wie kommt es, dass er so lange Bestand hat?

Meine sechsjährige Tochter bemerkte neulich beim Autofahren gedankenverloren: "Ich kann mir überhaupt gar nicht vorstellen, wie Menschen es schaffen, so etwas wie ein Auto zu bauen."

Würde sie daraus nun schlussfolgern "Autos entstehen von alleine aufgrund von Naturgesetzen", wäre das in etwa das Gleiche: "Was ich mir nicht vorstellen kann, gibt es auch nicht"

Die materielle Weltsicht identifiziert geistiges Erschaffen mit menschlichem Erschaffen, weil sie den Menschen für die einzige und höchste Form von Geist hält.

Menschliches Erschaffen wiederum wird mit dem Erschaffen durch die Hände identifiziert.

Dabei wird übersehen, dass auch Menschen eigentlich geistig erschaffen. Wenn die Hände tätig werden, ist der eigentliche geistige Schöpfungsprozess schon weitgehend gelaufen oder zumindest läuft er dem Treiben der Hände immer voraus.

Weil man sich nun ein anderes Erschaffen als das durch die Hände nicht vorstellen kann, schlussfolgert man etwas vorschnell, dass es andere Formen von geistigem Erschaffen nicht gibt.

"Was ich nicht sehen kann, gibt es nicht.", "Und was ich nicht anfassen kann, gibts auch nicht."

Alle diese Schlussfolgerungen sind natürlich eng gekoppelt an die Annahmen

- der Geist hat sich aus der Materie entwickelt
- der Geist ist an die Materie gebunden

Weil wir gerade bei der Analogie mit den Autos waren:

Anzunehmen, der menschliche Geist hätte sich mit dem menschlichen Körper entwickelt, ist ungefähr genauso, als würde man annehmen, der Mensch habe sich mit dem Auto und im Auto entwickelt - nur weil der Mensch Autos benutzt, um sich im Straßenverkehr zu bewegen.

Der Mensch benutzt Autos, um sich im Straßenverkehr zu bewegen. Und der Geist benutzt den Körper, um Erfahrungen mit der Materie zu machen. Das heißt aber noch lange nicht, dass sie sich auch zusammen entwickelt haben.

Wer sich als Wissenschaftler mit der Evolutionstheorie intensiv und sein Leben lang auseinandersetzt, dürfte auf eine Vielzahl von Ungereimtheiten treffen, die da nicht hineinpassen und die dazu führen, dass die Theorie immer wieder zerpflückt und aufgeweicht und spezialisiert und diversifiziert werden muss.

Warum eigentlich rotten die stärksten Arten nicht alle anderen aus und vermehren sich unkontrolliert?

Wenn Leben sich an Ozeantiefen von mehreren Tausend Metern anpassen kann und an Temperaturen von -50 Grad: Warum sollten die angeblich schwächeren Vertreter einer Art dann freiwillig abtreten, um denen mit der besseren Fitness Platz zu machen?

Die Blume wächst durch den Asphalt, aber ein geringfügiger biologischer Nachteil führt dazu, dass sich die betroffenen Vertreter einfach so nicht weiterentwickeln?

Fragen über Fragen. Aber ich bin sicher: Auch dazu wird man Naturgesetze formulieren.

Dass sich die stärkeren Vertreter einer Art gegenüber den schwächeren aufgrund eines Naturgesetzes durchsetzen hat ja die Kehrseite, dass die schwächeren einfach so "aussterben" oder abtreten - nicht aufgrund eines geistig initiierten und angetriebenen Prozesses sondern aufgrund eines Naturgesetzes. Und das widerspricht ganz einfach allem, was man in der Natur beobachten kann. Leben hat derart starke Anpassungs- und Existenzfähigkeiten, da würde nichts abtreten. Die Naturgesetz-Theorie widerspricht allem, was die Natur Tag für Tag offensichtlich zeigt.

Auch die Annahme, dass ein Gebilde wie der menschliche Körper oder ein Phänomen wie der menschliche Geist toter Materie und Naturgesetzen entspringt ist schon erstaunlich. Wie viele Daten und Wahrnehmungen muss ein Mensch eigentlich ignorieren, um das aufrechterhalten zu können?

Die geistlosen Entwicklungen

Man kann sicher noch lange hin und herdiskutieren, ob die Evolution ein geistig verursachter, angetriebener und gesteuerter Prozess ist oder geistlosen Gesetzen folgt. Schauen wir uns doch einfach an, wo die Annahme geistloser Prozesse hinführt:

Geistlose Prozesse haben die unangenehme Eigenschaft keinen Sinn zu haben und keinem Sinn zu folgen.

Da entwickelt sich so ein Grippevirus zu einem unkontrollierten Killer (beste Fitness und wie die Gesetze alle heißen) und 1,2,3 hat es die Menschheit in einer Pandemie dahingerafft.

Vogelgrippe und Schweinegrippe hatten wir schon. Für die Folgejahre blieben noch viele Möglichkeiten wie Hunde-, Katzen- und Rindergrippe. Ach nein, die Rinder hatten wir ja auch schon mit Rinderwahn.

Das ist nämlich die Folge davon, geistlose Entwicklungen anzunehmen: Sinnlosigkeit, Zufall, Unkontrollierbarkeit, das Eintreten des schlechtestmöglichen Falls.

Zu komisch, das die Menschheit dann doch immer wieder überlebt.

"Die Experten warnen davor ..."

Wird die Menschheit sich jemals sicher fühlen? Wird sie jemals ohne mindestens ein aktuelles Endzeit-Szenario auskommen? Wird die Menschheit sich eines Tages mit dem Gedanken anfreunden können, es gut zu machen und einer positiven Zukunft entgegenzusehen?

Zur Zeit zähle ich 2 aktive Endzeit-Szenarien. Seit ich allerdings dem kalten Krieg und damit dem 3. Weltkrieg und atomaren Ende der Erde knapp entkommen bin, habe ich eine gewisse Zuversicht, auch die nächsten 20-30 Endzeit-Szenarien zu überleben.

Was wäre die Alternative?

Die Alternative wäre Vertrauen in das was geschieht.

Die Alternative wäre, einen Sinn hinter allem anzunehmen, auch wenn dieser Sinn für den Menschen nicht immer offensichtlich ist.

Die Alternative wäre, sich den Endzeitängsten emotional zu stellen anstatt in irgendeine hektische und wirkungslose Aktivität zu verfallen.

Die Alternative wäre, sich mit den Ideen hinter diesen Erscheinungen auseinanderzusetzen.

Die Alternative wäre richtig hinzuschauen, was da eigentlich genau geschieht: Warum ist die Menschheit all den negativen Szenarien der Experten bisher nicht zum Opfer gefallen?

Weil die Experten so clever reagiert haben und es verhinderten? Wohl eher nicht!

Die Experten wissen aber: Es braut sich im Verborgenen zusammen. Das Schlimmste steht dem Menschen erst noch bevor. Und wenn wir uns nicht Tag für Tag total anstrengen, all dem zu begegnen und all die unkontrollierbaren Gefahren zu kontrollieren (anstatt unsere Träume zu verwirklichen), dann wird es uns wohl nicht mehr lange geben.

Da muss nun jeder Einzelne für sich entscheiden, wie lange er sich mit solchen Spielchen noch stressen möchte.

Ein Gedankenexperiment

Ich verdiene Geld mit der Entwicklung von Software. Ein Softwareprogramm besteht aus vielen einzelnen Programmbefehlen.

Zum Beispiel
- "Öffne eine Datei"
- "Suche ein bestimmtes Wort"
- "Addiere zu einer Zahl Eins dazu"
- "Arbeite eine Liste ab"

Stellen wir uns einmal vor, diese Programmbefehle würden eines Tages ein Bewusstsein entwickeln. Sie würden sich fragen:
- "Wer sind wir?"
- "Warum sind wir hier?"
- "Welchen Sinn hat unsere Existenz?"
- "Wo kommen wir her?"
- "Wie sind wir entstanden?"

Und sie würden versuchen, Antworten auf diese Fragen zu finden.

Dabei haben sie aber folgendes Problem:

Ihre Existenz ist an elektrische Impulse, Schaltkreise, Festplatten und Kabel gebunden. Sie sind Teil einer Welt, die in unserer größeren Welt zwar enthalten ist, von der aus aber unsere Raum-Zeit-Welt nicht sichtbar ist. Sie können sich durch Prozessoren, Computer und Netzwerke bewegen, aber nicht durch eine Landschaft, wie wir sie kennen.

Sie wissen nichts von mir, der ich vor der Tastatur sitze und sie eintippe. Sie wissen nichts von den anderen meinesgleichen, welche die Hardware entwickeln und bauen, aus denen sich ihre Welt zusammensetzt.

Sie wissen auch nichts von ihrer ewigen Existenz als Idee und dass sie in unzähligen anderen Systemen auch zum Einsatz kommen.

Und sie kennen nicht die Bedeutung der Softwareprogramme, die sich aus ihrem Zusammenwirken ergibt.

Viele von ihnen ahnen zwar, dass sie in ein größeres Ganzes eingebettet sind, aber nicht alle sprechen darüber, denn da gibt es auch jene anderen, die behaupten:

"Wahr ist nur, was als elektrischer Impuls erscheint und was sich in Volt, Ampere, Widerstand und Kapazität messen lässt."

Und diese bilden gerade die vorherrschende geistige Strömung.

Da erscheint es ziemlich lächerlich zu behaupten: "Es gibt den Andreas, der uns eingetippt hat".

Denn dann werden sie sofort gefragt: "Wo bitteschön ist er denn? Zeig ihn mir doch mal."

Und genau das geht aber leider nicht. Denn der Andreas ist nicht in den Kabeln und Speichermedien. Er sitzt auf seinem Rücken-freundlichen Bürostuhl mit Organicmove-Synchron-Mechanik vor dem Schreibtisch, schaut in den Monitor und hackt auf der Tastatur herum.

Das ist natürlich eigentlich ein bisschen unfair: Ich kann durch den Monitor ins System hineinschauen, aber sie - die Programmbefehle - können nicht zu mir herausschauen. Aber so ist es eben. Bzw.

genaugenommen ist es nicht unfair sondern einfach eine Form von Konzentration auf das Wesentliche.

Und so ist die vorherrschende Lehrmeinung unter den Programmbefehlen: "Softwareprogramme entstehen durch Evolution aufgrund von Naturgesetzen."

Ich bin ihnen nicht wirklich böse, dass sie meine Existenz so verleugnen, denn ich weiß ja, dass sie meine Welt nicht direkt wahrnehmen können. Aber tief im Inneren bin ich schon ein bisschen gekränkt und denke: "Wie könnt ihr nur glauben, dass so etwas Wunderbares wie meine Softwareprogramme per Zufall entsteht?"

Eines Tages stellen sie (die Programmbefehle) sehr erschreckt fest, dass die Festplatte schon ziemlich fragmentiert ist und der Prozess immer weiter fortschreitet. Sie schreiben sich selbst die Schuld zu und beginnen hektisch und sich gegenseitig die wildesten Vorwürfe machend große und teilweise recht absurde Anstrengungen zu unternehmen, das Problem irgendwie zu beheben. Dabei malen sie sich die erschreckendsten Horrorszenarien aus: "In einer nicht allzu fernen Zukunft wird der Prozessor nur noch mit Speicherverwaltung beschäftigt sein und nichts anderes wird mehr ablaufen können!"

Ein bisschen schadenfroh denke ich "Das habt ihr nun von eurer Ignoranz und dass ihr von meiner Existenz nichts wissen wolltet." Denn ich habe das Problem natürlich auch bemerkt und längst das Defragmentierungsprogramm gestartet.

Beweise, Beweise

Die Schöpfung ist ein erstaunlicher Vorgang. Sie bringt Dinge hervor, die - wenn man mal genau hinschaut - absolut unglaublich sind. Da kann man eigentlich nur zugucken und staunen. Es funktioniert seit Urzeiten perfekt und entwickelt sich über alle Maßen positiv.

Dann kommt aber dieser Punkt, an dem nach Beobachtung dieses atemberaubenden Vorgangs geschlussfolgert wird: tote Materie, Naturgesetze, Zufall, günstige Konstellationen.

Es wird zum Gesetz: Evolution ist geistlos.

Nun wird das gleichzeitig ein Konzept: Es wird auf diesem Gesetz basierend gehandelt (Verallgemeinerung). Das Gesetz wird Grundlage des Handelns und weiteren Schlussfolgerns.

Und was passiert?

Was Jahrmilliarden funktioniert hat - vom Anbeginn aller Zeiten an - immer positiv und immer nach oben - scheint plötzlich nicht mehr zu funktionieren:

Der Mensch ist mit einem absoluten Übermaß an Negativ-Entwicklungen konfrontiert. Er hat alle Hände voll zu tun, diese vielen negativen Entwicklungen irgendwie zu stoppen und ins Positive zu verkehren.

Das ist ein klarer Widerspruch: Immer hat es funktioniert und plötzlich nicht mehr!

In der Mathematik nennt man das einen indirekten Beweis: Man geht von einer falschen Annahme aus und entwickelt sie so lange weiter, bis ein Widerspruch entsteht. Und dann ist es bewiesen: Dass die Annahme falsch war!

Träume verwirklichen

Geld verdienen

Der Weg in die Freiheit wird begleitet von einer ganzen Reihe von Entwicklungsprozessen, z.B.

- innere Widerstände aufgeben / Erfahrung zulassen / Gefühle mobilisieren
- unabhängig von der emotionalen Situation handeln lernen
- Widersprüche und Komplexität aushalten
- innere Vorgänge kennen- und unterscheiden lernen (geistige Differenzierung)

und vieles mehr.

Unter diesen Teilprozessen ist einer der wichtigsten der Umbau des Glaubenssystems oder auch der Wandel der Weltsicht. Das bedeutet, sich mit bestimmten Fragen auseinanderzusetzen und diese Fragen ggf. neu für sich zu beantworten.

Diese Fragen sind einerseits sehr individueller Natur, andererseits gibt es Fragen, die viele Menschen gleichermaßen betreffen und die ich deshalb *die Grundthemen der Menschheit* nenne. Einem dieser Themen möchte ich mich jetzt zuwenden: dem Geld verdienen.

Eine sehr verbreitete Sichtweise lautet wie folgt:

Mit dem, was man am allerliebsten tun würde, kann man kein Geld verdienen oder zumindest nicht genug. Man muss sich einen Beruf suchen, mit dem man auch Geld verdient bzw. man muss das nehmen, was man überhaupt bekommt als Job.

Ich habe eine andere Sichtweise:

Wenn man konsequent das tut, was man wirklich will und was einem Freude macht, wird man auch ausreichend Geld verdienen

Das klingt für viele sicher ein bisschen utopisch. Aber warum klingt es utopisch?

Es liegt an den Ideen, von denen man im Hintergrund ausgeht. Gegenwärtig wird hauptsächlich von einer materiellen Weltsicht ausgegangen: Diese Erde hat sich irgendwie zufällig durch ein paar Naturgesetze und spezielle Glücksumstände gebildet und noch viel erstaunlicher, dass am Ende sogar noch der Mensch entstand. Bei so viel seltenem Glück, dem man seine Existenz zu verdanken hat, kann man sicher nicht erwarten, dass diese Welt auch noch so eingerichtet ist, dass man tun kann, was man will und dafür auch noch Geld bekommt.

Ich teile diese Sichtweise nicht und das ist nicht nur eine Vermutung, sondern ich bin darin sogar ziemlich sicher, dass es sich bei der eben beschriebenen materiellen Weltsicht um einen phänomenalen Irrtum handelt.

Ich halte diese Welt für eine geistige Schöpfung. Daraus schlussfolgere ich weiter, dass diese Welt Sinn macht. Denn welchen Sinn sollte es machen, eine Welt zu erschaffen, die keinen Sinn macht? Das wäre ungefähr so, als würde man ein Auto bauen, das nicht fährt. Wer etwas erschaffen kann wie diese Erde, dem ist durchaus Sinn zuzutrauen.

Ich stelle also fest, diese Welt macht Sinn. Betrachten wir das Geld verdienen mal unter diesem Blickwinkel.

Über den grundsätzlichen Sinn einer Welt mit materiellen Strukturen hatten wir schon gesprochen: Sie ermöglicht es, spezifische Erfahrungen zu machen.

Doch welche Rolle spielt das Geld dabei?

Eins ist klar: Geld verdienen muss man irgendwie, es sei denn man gehört zu denen, die es in die Wiege gelegt bekommen oder denen die Oma ab und an etwas zusteckt.

Das Geld verdienen ist also eine jener harten materiellen Randbedingungen, denen die Menschen ausgesetzt sind. Es ist eine jener Regeln, welche dieses Spiel "*Erdenleben*" überhaupt erst ermöglichen.

Aber wozu, wenn es doch vor allem eine Last ist?

Es zwingt den Menschen, mit anderen Menschen in einen Austausch und in Interaktion zu treten.

Wäre das Geld verdienen nämlich nicht nötig, könnte man den ganzen Tag in seiner Bude hocken und Fernsehen oder Computerspiele spielen oder sich besaufen.

Und das ist noch nicht alles: Es zwingt den Menschen auch, seine Fähigkeiten einzusetzen. Denn einfach so bekommt mans ja nicht - das Geld.

Um seine Fähigkeiten einzusetzen, muss man sich ihrer natürlich erst einmal bewusst werden und man muss sie entwickeln.

Da bleibt nur noch die Frage: Welche Fähigkeiten setzt man dafür ein?

Die, welche man gern einsetzt, mit denen man viel Spaß hat oder einfach irgendwas, das eben Geld bringt?

Menschen verbringen viel Zeit mit Geld verdienen - sie investieren den allergrößten Teil ihrer schöpferischen Energie dahinein.

Welchen Sinn sollte es machen, den größten Teil seiner Zeit mit etwas zu verbringen, das keinen Spaß macht? Wozu müsste es so etwas wie Spaß und Freude dann überhaupt geben? Damit man mal merkt, was einem meistens fehlt?

Das macht wohl nicht sehr viel Sinn. Das kann man nur glauben, wenn man diese Welt für ein materielles Zufallsprodukt hält. Für eine geistige Schöpfung sind solche Annahmen nicht aufrechtzuerhalten. Es sei denn man nimmt an, die Erschaffer dieser Welt gingen noch in die Welt-Erschaffer-Schule und dies wäre ihr erster Fehlversuch. So sieht es aber eigentlich ansonsten nicht aus - wenn man mal vom *Geld verdienen müssen* absieht.

Träume verwirklichen

Falls man sich dafür entscheidet, daran zu glauben, dass man mit dem Geld verdienen kann, was man wirklich will und was einem wirklich Freude macht, wäre es nur folgerichtig, das auch zu tun.

"Aber ist das nicht ein bisschen egoistisch? Wo kommen wir denn hin, wenn jeder tut, was ihm Spaß macht? Wer macht denn dann die ganze Drecksarbeit?"

Wir sind leider noch nicht ganz da angekommen, einfach das zu tun, was Spaß macht. Es muss erst noch eine andere Frage vorher geklärt werden:

Kann diese Welt überhaupt funktionieren, wenn jeder tut, was ihm Spaß macht?

Ich stelle mir diese Frage schon seit Jahren und ich stelle fest: Es gibt sie über alle Berufe und Bevölkerungsschichten hinweg: jene erstaunlichen Menschen, denen ihre Arbeit Freude macht, die ihre Arbeit mit Hingabe machen und die ganz offensichtlich am richtigen Platz sind.

Und außerdem, welchen Sinn sollte es machen ...

Es sollte also klappen.

Letztlich muss jeder selbst entscheiden, was er für wahr halten möchte. Das waren lediglich ein paar Denkanstöße, um den Boden zu bereiten für den eigentlichen Grundgedanken dieser beiden Kapitel:

Es ist ein zentrales Element menschlicher Entwicklung, einen immer größeren Teil seiner schöpferischen Energie so einzusetzen, wie man es wirklich wünscht und will.

Ich finde dafür den Begriff sehr passend *seine Träume verwirklichen*.

Das geht natürlich nicht bei jedem von heute auf morgen, aber heute kann man beginnen, die vorhandenen Freiheiten genau dafür einzusetzen.

Warum ist das so wichtig?

Falls man sich nur darauf konzentrieren würde, genau das umzusetzen - konsequent daran zu arbeiten, dass das, was man wirklich will, irgendwann zum Beruf werden kann - dann erledigen sich dabei eine Menge anderer Probleme und Wünsche gleich automatisch mit. Es harmonisieren sich im Kontext dieser

Entwicklung auch andere Lebensbereiche, die andererseits ohne diese Entwicklung allein kaum zu harmonisieren wären.

Wenn man einem früheren Kapitel folgend eine Liste seiner Wünsche und Träume angefertigt hat und man fragt sich jetzt, wo man denn bei diesem 1000-Punkte-Katalog mit der Umsetzung beginnen soll, dann lautet die Antwort: "Genau da: Finde heraus, was du wirklich mit deinem Leben anfangen möchtest und fange direkt an."

Erst vielleicht ganz klein, aber es wird sich mit der Zeit entwickeln.

Diese Idee soll verhindern, dass man sich auf lauter Nebenkriegsschauplätzen verzettelt, auf denen die Schlacht sowieso nicht gewonnen werden kann.

Sie folgt dem Grundsatz, das Wichtigste zuerst und sofort zu tun.

Viele Probleme entstehen nicht auf der Ebene, auf der üblicherweise um ihre Lösung gerungen wird (Wir berichteten darüber). Und das ist aber genau die Ebene auf der zahlreiche Probleme entstehen:

Dass der Mensch seine Zeit nicht mit dem verbringt, was ihm wirklich Freude macht und was er wirklich will.

Das ist das Ziel: Immer mehr Zeit mit dem verbringen können, was man wirklich will und was Freude macht.

Und das wird für viele Menschen nur dann möglich sein, wenn es auch Gegenstand des Geldverdienens wird.

Noch zwei ergänzende Randbemerkungen zu diesem Thema:

- Wenn davon die Rede ist, *die eigenen Lebensträume zu verwirklichen*, dann meint das geistige oder materielle, schöpferische oder produktive Tätigkeiten. Diese darf man nicht verwechseln mit Unterhaltung (auf dem Rummelplatz Karussell fahren). Natürlich macht das auch Spaß. Aber es wird wohl schwierig werden, dafür von anderen Geld zu bekommen.
- Ich stelle das Träume verwirklichen in meinen Texten häufig als einen Wechsel des Berufes dar. Aber es kann natürlich auch bedeuten, im gleichen Beruf mehr zu wagen, eigene Vorstellungen umzusetzen oder sich anderweitig stärker in seiner Individualität einzubringen.

Der gegenwärtige Moment

Wo das Leben sich eigentlich abspielt

Der Mensch macht sich viele Gedanken: über seine Zukunft, seine Vergangenheit, sein Handeln, was richtig ist und was er tun soll. Wir aber wollen uns jetzt mit dem Punkt beschäftigen, in dem sich das Leben ganz konkret abspielt, in dem Leben *geschieht*: dieser Moment, genau jetzt, in dem diese Zeilen gelesen werden: das ablaufende Geschehen, die exakte Gegenwart, das Jetzt.

Viele esoterische, mystische und Weisheitslehren empfehlen immer wieder "Komm ins Jetzt", "Sei nicht irgendwo mit deinen Gedanken, sondern lebe jetzt."

Aber wenn man diesem Hinweis vertrauensvoll folgen möchte, stellt man ziemlich schnell fest, es geht nicht oder es fühlt sich ziemlich unangenehm an. Und was soll das überhaupt?

Das ist das Problem mit vielen dieser Lehren von weisen Gurus in weiten Gewändern: Sie geben irgendwelche Empfehlungen, von denen man nicht weiß, was sie sollen und die außerdem kaum umzusetzen sind. Es werden spätere Kapitel darauf noch eingehen.

Aber der Moment des gegenwärtig ablaufenden Geschehens ist ein Punkt von ganz besonderer Bedeutung und wir werden uns *jetzt* damit beschäftigen, wie man ihn sich zurückerobern kann.

Doch bevor man sich an so eine Aufgabe macht, muss man natürlich wissen, wieso überhaupt:

Warum ist dieser Punkt so bedeutungsvoll?

- Weil er den Schlüssel darstellt zur Lösung einer ganzen Reihe von Problemen.
- Unter anderem ist er die Quelle der Kreativität.
- Die Verwirklichung der eigenen Träume braucht für ihren Erfolg genau jene Kreativität, die sich aus dem gegenwärtigen Moment ergibt. Das sind zwei Entwicklungen, die parallel laufen und die sich gegenseitig beeinflussen: Die Verwirklichung der eigenen Träume und die Rückkehr in den gegenwärtigen Moment der Erfahrung.

- Die Gegenwart ist der Punkt durch den das innere Selbst (die Seele) *wirkt*
- Im Jetzt steckt eine Menge Erfahrung, die zu durchleben eine Menge Erkenntnis bringt.

Ich weiß, dass das angesichts der Tatsache, wie unangenehm sich die ungeschminkte Gegenwart anfühlen kann, nicht sehr überzeugend klingt. Sie ist aber einer der Schlüssel zu einem erfüllten Leben. Man kann sein Leben nicht am gegenwärtigen Moment vorbei vom Kopf auf die Füße zurückstellen.

Wenn sich das jetzt für dich nicht wie ein sehr attraktives Ziel anhört, dann kann ich das verstehen. Ich möchte dich aber einladen, mir in diesem Punkt einfach mal zu vertrauen.

Wir hatten schon über einzelne Entwicklungsstränge gesprochen, aus denen sich diese Gesamtentwicklung zusammensetzt und das hier ist ein weiterer davon.

Ich kann drei Dinge anbieten:
- Hintergrundinformationen: Was hat es damit auf sich? Und wieso scheint es so schwierig da heranzukommen?
- praktische Strategien zur Umsetzung
- das Versprechen, dass es sich lohnen wird

Es wird im Übrigen nicht darum gehen, krampfhaft zu versuchen ins Jetzt zu kommen. Das ist sowieso ziemlich aussichtslos. Vielmehr werden wir eine nach der anderen die Ursachen aus dem Weg räumen, welche einen Menschen aus dem gegenwärtigen Moment herauszuziehen versuchen.

Die Gefühle im Jetzt

Es gibt mehrere Gründe, den gegenwärtigen Moment mit dem Bewusstsein und der Aufmerksamkeit zu meiden.

Da wären als erstes die Gefühle, welche die Tendenz haben, im Jetzt nach oben zu drängen.

Es sind unangenehme Gefühle.

Sie kommen immer dann, wenn die Bindung der Aufmerksamkeit an Aktivität oder Unterhaltung mal für einen Moment unterbrochen wird, zum Beispiel, wenn man irgendwo unverhofft warten muss oder wenn man abends nicht einschlafen kann.

Es sind Gefühle, welche Abweichungen von einem wirklich erfüllten und glücklichen Leben anzeigen:

- Sinnlosigkeit und Trostlosigkeit - das Fehlen eines Lebenssinns: Was ist eigentlich der Sinn des Lebens? Zum Glück hatte ich ein paar Kapitel früher *die eine Wahrheit für alle* bereits abgeschafft (die objektive Wahrheit), so dass sich das jetzt jeder selbst fragen kann, um dann eine Antwort zu finden, die ihn wirklich begeistert. Für mich ist der Sinn des Lebens, mich zu entwickeln und zu entfalten zu immer mehr Freude, Energie und Erfüllung und dabei immer mehr ich selbst zu werden. Dazu gehört für mich noch, interessante Aufgaben und große Visionen zu haben. Zusammen mit dem Wissen, dass der Entfaltung des Menschen keine real existierenden Grenzen gesetzt sind, ist das eigentlich ein ganz ordentlicher Sinn.

- Langeweile, Tristesse, Energielosigkeit - das Fehlen interessanter Handlungsmöglichkeiten: Denn nicht nur der Sinn ist wichtig, sondern auch, dass es möglich ist, etwas dafür zu tun, das auch noch Freude macht bzw. überhaupt etwas zu tun, das Freude macht.

- Ohnmacht: unangenehmen Lebensumständen machtlos ausgeliefert sein

Das wäre der Inhalt dieser Gefühle. Selbstverständlich können da individuell verschieden noch viele andere Gefühle sein, aber die genannten sind recht oft vertreten.

Nun ist das Problem in einer materiellen Weltsicht, dass Erfahrungen wie diese Gefühle für bare Münze genommen werden. Man glaubt, was man da fühlt und beginnt auf die verschiedenste Weise zu reagieren:

1. Man versucht die Gefühle irgendwie zu überspielen.

2. Man strengt sich an, den Zustand zu beseitigen.

Über ersteres hatten wir schon ausführlich geredet: Das Durchleben einer Erfahrung erhellt ihren Hintergrund. Wenn man sich vor der Erfahrung drückt, erfährt man auch nichts über ihre Ursachen.

Auch über den zweiten Punkt hatten wir schon gesprochen: Indem man sich anstrengt, das wegzumachen, reagiert man auf die Ideen hinter den Gefühlen und dadurch entwickelt sich das. Ich möchte trotzdem die Gelegenheit nutzen, diesen zweiten Punkt noch einmal aus einem anderen Blickwinkel in einem kleinen Frage-Antwort-Spiel darzustellen, weil es so wichtig ist, das zu verstehen:

Man erfährt also Sinnlosigkeit, Tristesse und Ohnmacht. Ist es nicht absolut logisch, sich dann anzustrengen, das zu ändern?

Nein. Denn das Leben ist nicht so. Es sind nur Erfahrungen. Es ist keine Realität. Man erfährt es, aber das bedeutet nicht, dass es so ist. Es stimmt ganz einfach nicht. Das Leben ist von sich aus ohne jede Anstrengung voller Sinn, Energie und Macht. Das ist die Wahrheit.

"Ja aber was nützt mir dieses Wissen? Ich erlebe sie doch in meinem Alltag, diese Gefühle - also sind sie doch für mich real!"

Na ja, würdest du sie wirklich *durchleben*, dann wären sie irgendwann weg und dann würde sich wieder zeigen, dass das Leben überhaupt nicht so ist. Die Erfahrungen würden einfach durchziehen.

Es zu Durchleben schließt hier übrigens ein, dabei den eigenen Wünschen und dem Willen zu folgen, denn das ist das natürliche Verhalten. Es ist kein vollkommen tatenloses Durchleben.

Die Anstrengungen die unangenehmen Gefühle wegzubekommen dagegen sind nicht Willens-getrieben. Sie sind von unangenehmen Gefühlen getrieben. Das ist ein Unterschied. Und was ein Handeln treibt ist für die Resultate des Handelns entscheidend.

"Ja aber wenn ich dabei meinen Wünschen und meinem Willen folge, mache ich dann nicht auch Anstrengung und Bemühungen, es zu ändern?"

Nein, denn da geht es um ein anstrengungsloses Handeln. Die Herausforderung an diesem Handeln besteht darin, sich mit bestimmten Situationen und Gefühlen zu konfrontieren - nicht in

Anstrengung. Das kann zum Beispiel bedeuten, in einer Situation absoluter Tristesse und gefühlter Sinnlosigkeit die Aufmerksamkeit auf eine Handlung zu lenken, die man wirklich gerne ausführen würde - ohne dabei auch nur im geringsten die unangenehmen Gefühle ändern zu wollen. Man geht genau durch diese Gefühle mitten hindurch. Und auf der anderen Seite findet man Sinn, Kreativität und Freude.

"Aber meine vollgepackten Tagespläne machen doch auch all die unangenehmen Gefühle weg, wieso soll sich daran überhaupt etwas ändern?"

Es ist ein entscheidender Unterschied, ob Aktivität diese Gefühle verdeckt oder ob sie auf einer Grundlage stattfindet, wo solche Gefühle gar nicht da sind oder zumindest hoch kommen dürfen, wenn sie zeitweise da sind.

Gut. Aber das war jetzt genug Theorie zu diesen Gefühlen. Was kann man denn ganz praktisch tun?

Der praktische Vorschlag ist, sich ab und zu Zeit zu nehmen, die Gefühle des gegenwärtigen Moments einfach nur hochkommen zu lassen, so wie sie sind:

- zum Beispiel wenn sich sowieso eine Gelegenheit dazu ergibt, weil man irgendwo warten muss oder nicht einschlafen kann
- Oder man nimmt sich extra Zeit dafür. Man kann zum Beispiel etwas Zeit vom Fernsehen oder mit-Freunden-telefonieren abzwacken.

Dabei geht es um ein ganz passives hochkommen lassen. Man muss nichts damit machen. Und vor allem braucht man auch nicht darauf reagieren. Das Durchleben dieser Gefühle setzt weitreichende Veränderungsprozesse in Gang. Das *wirkt* auch ohne dass man etwas tut.

Das Ganze sollte sehr locker und ohne große Zwänge durchgeführt werden und besser auch keine festen Zeit- und Übungspläne. Wichtig ist der Entschluss, sich das Terrain der Gefühle des gegenwärtigen Moments schrittweise zu erschließen, so wie man eben individuell dazu in der Lage ist.

Und noch ein praktischer Tipp: Mir hilft es, wenn ich dabei Wasser trinke. Für mich war die unangenehmste Zeit immer die Zeit nach dem Mittagessen. Da erschien mir mein Leben besonders öde und trist und es erschien auch besonders unmöglich, in dieser Zeit irgendetwas zu machen, das mir wichtig ist. Es hat eine Weile gedauert, ehe ich überhaupt fähig war, mich dieser Phase des Tages ohne Aufputscher und kleine Freuden wie Kuchen zu stellen.

Inzwischen bin ich auch in dieser Phase voll handlungsfähig - ohne Aufputscher und Ersatzfreuden. Ich kann in dieser Zeit sogar sehr produktiv und kreativ an meinen Büchern schreiben und das war die größte Herausforderung. Dabei war es sehr hilfreich, einfach Wasser zu trinken. Ich trank nach dem Mittagessen teilweise bis zu 2 Liter klares Wasser in wenigen Stunden. Und ich habe das Gefühl, es unterstützt diesen Prozess, wie wenn das Wasser die festgebackenen Gefühle zum Fließen bringt. Aber es sollte Wasser sein, denn alles andere wie Tee, Kaffee, süße Getränke, Bier und Wein geht schon wieder in die Kategorie Stimmungsmacher. Und das Ziel ist ja, sich der ungeschminkten Alltagsrealität so wie sie momentan verwirklicht ist zu stellen - so ungeschminkt und rein, wie klares Wasser eben.

Natürlich ist die Zeit nach dem Mittagessen auch eine gute Zeit für Pause und Entspannung. Aber es ist ein Unterschied, ob man die Wahl hat, diese Zeit für Entspannung oder andere Dinge zu nutzen - so wie man es will oder ob man außer Pause nichts mit dieser Zeit anfangen kann, weil sie so trist ist.

Und es ist auch ein Unterschied ob eine Entspannung tatsächlich eine Entspannung ist oder nur ein Abschalten des Bewusstseins, weil es gerade so unerträglich ist.

Es sei an dieser Stelle noch auf einen Spezialfall dieser Gefühle hingewiesen: *der Kater nach Euphoriephasen*:

Man hatte einen Erfolg oder man ist einfach so überglücklich oder etwas hat einfach so perfekt funktioniert. Man verbringt eine Zeit in einer sehr euphorischen Stimmung. Und dann kommt er irgendwann: der emotionale Absturz. Gerade war alles noch so schön und es sah so aus, als wären alle Probleme endgültig gelöst und nun erscheint es doch wieder so sinnlos und trist.

Es ist von größter Wichtigkeit, sich dem Tief nach einem Hoch zu stellen. Die Boulevard-Zeitungen sind voll von den Eskapaden, welche prominente Künstler unternehmen, weil sie mit den Löchern zwischen ihren Erfolgen nicht klarkommen.

Nun ist es natürlich völlig normal, dass sich wie überall im Universum Anspannung und Entspannung - hoch und tief - ablösen. Aber bestimmte einschränkende Ideen im Glaubenssystem können eben dazu führen, das sich diese Entspannungs- oder Ruhephasen zu emotionalen Krisen auswachsen. Diesen Krisen gilt es sich zu stellen. Dann werden sie die Erkenntnisse zu ihrer Lösung offenbaren.

Spontaneität

Ein weiterer Grund aus dem gegenwärtigen Moment wegzustreben ist die Angst, *dass nichts geschieht*.

Man stelle sich einmal folgende Situation vor: Man hat vergessen das Geschehen einer bestimmten Situation vorauszubestimmen und zu planen und plötzlich ist die Situation da und es geschieht - nichts! Man steht oder sitzt nur dumm herum und es passiert ganz einfach überhaupt gar nichts. Der Moment bleibt völlig leer.

Das wäre schrecklich!

Um dem vorzubeugen wird sehr viel vorausgeplant und festgelegt. Damit das eben beschriebene Horror-Szenario nicht eintreten kann.

Nun ist es wie schon erwähnt so, dass die eigentliche Identität des Menschen sehr viel umfassender ist, als im Alltags-Bewusstsein üblicherweise wahrgenommen wird. Sie umfasst noch das innere Selbst, das in anderem Kontext auch als Seele betitelt wird. Und das innere Selbst hat die Vorliebe, Momente spontan auszufüllen.

Das weiß man aber nicht, weil materielle Weltsicht das nicht vorsieht.

Da ist auf der einen Seite die Vorstellung, man müsste sich darum kümmern, dass in einem konkreten Moment auch tatsächlich etwas geschieht, weil sonst ganz einfach nichts geschieht und da ist auf der anderen Seite ein inneres Selbst, dass darauf spezialisiert ist, diese Momente einfach so ohne zu fragen auszufüllen und auch ohne vorher seine konkreten Pläne schriftlich einzureichen.

Über den Konflikt, den das auslösen kann, sprechen wir im nächsten Kapitel. An dieser Stelle geht es zunächst mal um Entlastung: Das stresst nämlich auch ganz schön, wenn man auf Ego-Ebene versucht, die Spontaneität der Seele zu ersetzen, weil man nichts von ihr weiß.

Man kann es sich zwar im Vorhinein absolut überhaupt nicht vorstellen, aber wenn ein konkreter Moment da ist, dann füllt er sich - ganz selbstverständlich, mühelos und von allein und oft auch auf überraschende Weise.

Genaues Hinschauen löst diesen Irrtum immer mehr auf. Oft wird die Diskrepanz zwischen bestimmten Vorstellungen und dem, was dann tatsächlich geschieht, nicht ausgewertet.

Wenn man immer nur alle Abläufe vorausplant und das innere Selbst mit seiner Spontaneität nie zum Zuge kommen lässt, dann verliert es irgendwann die Lust. Und dann verwirklicht sich die Idee als Erfahrung und es passiert tatsächlich nichts, wenn man mal nicht vorgesorgt hat.

Wenn es erst einmal soweit gekommen ist, dann muss man sich dieser Erfahrung stellen: der Angst vor dem Nichts, der Angst vor der Leere. Dann scheint es nämlich tatsächlich einzutreten, was man so sehr befürchtet hat.

Indem man sich dem Nichts und der Leere aber mutig anvertraut, wird man feststellen, dass das Nichts nicht nichts ist und die Leere nicht leer.

Natürlich macht man Pläne, darum geht es nicht. Natürlich muss man zum Beispiel planen, in den Urlaub zu fahren oder jemanden zu besuchen. Es geht hier eher um den ganz konkreten Ablauf des Geschehens.

Und es spricht natürlich auch gar nichts dagegen, selbst das vorauszuplanen - wenn man das auch ein bisschen als Vorschlag sieht und sich dem Geschehen dann auch anvertraut, wenn es einen anderen Verlauf nimmt.

Es ist ein häufiger Irrweg, der Spontaneität des inneren Selbst nun alles aufzuhalsen, nachdem man gemerkt hat, dass der Versuch der Kontrolle des Geschehens auf Ego-Ebene nicht funktioniert. Dann wird komplett umgeschwenkt: Das Ego darf gar nichts mehr und das innere Selbst soll alles machen. So geht es auch nicht.

Man kann sich das wie eine Art Dialog zwischen innerem und äußerem Selbst vorstellen. Beide sind an der Entwicklung des Geschehens beteiligt. Es ist durchaus nicht so, dass es erst nur das Ego war, was das Geschehen planen wollte und nun ist es nur das innere Selbst, das alles spontan macht. Es ist ein sehr subtiles Zusammenspiel, das sich mit ein bisschen geduldigem Herumprobieren leicht in Gang setzen lässt.

Diese Art von Spontaneität ist im Übrigen auch die Grundlage der Kreativität. Sie ist das Wesen der Kreativität. Unter Erwachsenen wird sehr viel gerätselt, wie man denn kreativ sein oder werden kann. Und das ist insofern ein bisschen absurd, als Kreativität das grundlegende Wesen des Menschen darstellt. Bei Kindern ist es noch intakt vorhanden. Sie sind absolut ununterbrochen kreativ. Ohne jede Pause. Man kann sie unterbrechen, ablenken, anderweitig beschäftigen, sie aus einem Spiel herausreißen - bei der ersten sich bietenden Gelegenheit werden sie sofort schon wieder kreativ und entwickeln irgendwas anderes: aus den seltsamsten Hilfsmitteln und in den scheinbar ungeeignetsten Situationen.

Kreativität irgendwie erlernen zu wollen ist ein unsinniges Unterfangen. Sie wird einfach so im Übermaß wieder da sein, sobald sie nicht mehr blockiert wird.

Kreativität kommt aus der Leere. Sie kommt aus dem Nichts. Mit diesem Wissen kann man sich mit dem angeblichen Nichts recht gut wieder anfreunden.

Nie geht es wie es soll!

Das ist vielleicht das größte Problem der Menschen überhaupt:

Immer geschieht das Falsche! Immer passiert das, was nicht passieren soll. Nie geht es so, wie man es haben will.

Dadurch ergibt sich ein ständiges Wegstreben aus der Situation, weil man versucht, es doch noch richtig hinzubiegen.

Ich nenne das die Diskrepanz zwischen dem was ist und dem *was eigentlich sein soll*.

Die Ursache liegt natürlich - wie schon erwähnt - in der unzureichenden Abstimmung der Aufgabenverteilung, was die Gestaltung des Geschehens im gegenwärtigen Moment betrifft:

- das Ego hat die Vorstellung, das Geschehen im Moment möglichst vollständig gestalten und unter Kontrolle haben zu müssen
- und das innere Selbst erzeugt etwas, das man als *den natürlichen Fluss des Geschehens* bezeichnen könnte.

Da es vermutlich wenig Sinn hat, dem inneren Selbst den natürlichen Fluss des Geschehens auszureden, muss wohl eher auf Ego-Ebene die Vorstellung geändert werden, auf welche Weise man diesen Fluss des Geschehens tatsächlich den eigenen Wünschen entsprechend gestalten kann.

Der hier geschilderte Konflikt führt zu nahezu ständigen Anspannungen.

Der praktische Vorschlag lautet an dieser Stelle, sich so oft man daran denkt - und das wird mit der Zeit sicher zunehmen - in den Moment hinein zu entspannen. Anspannungen zu lockern und zu lösen und innere Widerstände gegen eine Situation oder ein Geschehen aufzugeben.

Das kann man, wenn man bereit ist, sich den Gefühlen auszusetzen, die frei werden, wenn man die Anspannung löst.

Indem man die Anspannungen nach und nach immer weiter lockert und entspannt, kommt man irgendwann ganz in einer Situation bzw. in einem Geschehen an.

Komponenten der Entwicklung

Entwicklungsstränge

Hier eine lockere unvollständige Aufzählung der Entwicklungsstränge, die auf *der Reise zu sich selbst* eine Rolle spielen, und die teilweise in den anderen Kapiteln erwähnt wurden und teilweise vielleicht auch nicht:

- der Umbau des Glaubenssystems (der Weltsicht)
- die eigenen Träume verwirklichen
- innere Widerstände aufgeben / Erfahrung zulassen / Gefühle mobilisieren
- unabhängig von der emotionalen Situation handeln lernen
- Widersprüche und Komplexität aushalten
- geistige Differenzierung: innere Vorgänge kennen- und unterscheiden lernen
- in den gegenwärtigen Moment zurückkommen: sich der tatsächlichen ungeschminkten Alltagsrealität seines Lebens immer mehr stellen
- Bewusstmachung / Bewusstwerdung: Dinge steigen ins Bewusstsein auf bzw. werden hochgeholt, die vorher unterschwellig abliefern
- Selbstannahme: "Ich bin so wie ich bin in Ordnung. Ich muss mich gar nicht ändern, um es erst noch zu werden. Und ich bin nicht nur das, sondern ich mache meine Sache auch noch gut und habe richtig positive Zukunftsaussichten" Das ist die Wahrheit!
- sein Leben annehmen, so wie es im Moment ist
- die richtige Aufgabenverteilung zwischen Ego und innerem Selbst wieder herstellen - das Ego entlasten
- von der Außenorientierung zur Innenorientierung

Was genau bedeutet glauben?

Es gibt Fragen, auf die es eine abschließende Antwort nicht zu geben scheint. Und trotzdem ist es aber sinnvoll, sie wieder und wieder zu stellen.

Um so besser man erkennt, was glauben eigentlich bedeutet, um so besser versteht man auch, was eigentlich ICH ist und wie weit es reicht und wie groß die Möglichkeiten sind, selbst die eigene Erfahrung zu gestalten.

Einige der folgenden Aspekte zum Glauben wurden schon genannt und einige möchte ich noch hinzufügen:

- glauben = für wahr halten

- Es sitzt jenseits von Gefühlen und Anschein: Man kann eine Idee für wahr halten, obwohl sie sich nicht wahr anfühlt und obwohl sie dem äußeren Anschein nach auch nicht wahr zu sein scheint. Gefühle und Anschein sind lediglich Kategorien der Verwirklichung einer Idee an die man glaubt.

- Ideen, die man für wahr hält, verwirklichen sich als Erfahrung. Sie verwirklichen sich, weil man sein Handeln nach dem ausrichtet, was man für wahr hält.

- Möchte man unangenehme Erfahrungen loswerden, muss man aufhören sich in seinem Verhalten nach bestimmten Ideen zu richten.

- Möchte man angenehme Erfahrungen erschaffen, muss man seinem Verhalten neue Ideen zugrunde legen.

- Durchlebte Erfahrung sorgt automatisch dafür, dass sich das Glaubenssystem immer besser der wahren Natur der Realität anpasst: Falsche Dinge werden als falsch erkannt, wahre Dinge werden als wahr erkannt.

- Manche Änderungen im Glaubenssystem eines Menschen vollziehen sich spontan und von alleine: Plötzlich ist ohne jeden Zweifel klar, wie es richtig ist.

- Andere Änderungen verlangen bewusste und nachdrückliche innere Entscheidungen, was man für wahr halten und wonach man sich in Zukunft richten möchte

- Änderungen im Glaubenssystem haben ihren richtigen Zeitpunkt.

Das war ein bisschen Wiederholung und ein bisschen Vervollständigung. Ich möchte aber jetzt auf einen Punkt hinweisen, der im Buch noch nicht zur Sprache kam und der aber von großer Bedeutung für den ganzen Prozess ist:

Man trägt auch den Glauben, der momentan noch nicht als Erfahrung verwirklicht ist und den man aber als Erfahrung verwirklichen wird oder möchte bereits in sich.

Zum Beispiel:

Selbst wenn man in seinem Leben momentan überwiegend erlebt "Geht nicht", ist auch "Geht!" schon angelegt. Die Änderungen im Glaubenssystem bestehen eher darin, andere Schwerpunkte zu setzen - eben sein Verhalten nach anderen Ideen auszurichten.

Dass beide Seiten schon angelegt sind äußert sich zum Beispiel dadurch, dass - egal wie man sein Leben momentan wahrnimmt - auch immer wieder das Gegenteil durchbricht. Selbst wer meistens eher deprimiert ist, wird ab und zu einzelne euphorische Momente erleben.

Das Folgende geht darüber aber noch weit hinaus:

Es gibt in jedem Menschen individuelle äußerst positive Annahmen.

Also sehr gesunde, befreiende Ideen an die er glaubt und die auch irgendwie seinem Wesen eingeprägt sind.

Dieser Annahmen ist man sich möglicherweise nicht bewusst. Aber sie sind da. Sie prägen das Wesen und das Verhalten. Sie sind auch die ganze Zeit schon sichtbar und sie äußern sich im Verhalten.

Sie sind vielleicht nicht die hauptsächlich bestimmenden Ideen, aber sie brechen immer wieder durch:

- vielleicht in Konflikten
- vielleicht im spontanen Verhalten
- oder in impulsiven Freude-Reaktionen auf bestimmte Auslöser

Wenn man sie zu sehen beginnt, dann sieht man auch, dass sie schon immer das Verhalten geprägt haben.

Das ist der Stoff, aus dem Visionen gemacht werden. Das ist der Stoff aus dem Ziele und Aufgaben entstehen, die man mit großer Begeisterung und Freude umsetzen wird.

Es ist so etwas wie eine individuelle Prägung der persönlichen Energie, die sich Bahn brechen möchte. Und diesen Drang gilt es zu befreien und zu unterstützen.

Ich habe in meinen Notizen immer eine Kategorie *"woran ich glaube"*. Dort sammle ich diese Ideen wie wertvolle Edelsteine.

Es ist, was man schon immer richtig gemacht hat, auch wenn es in manchen dieser Momente nicht richtig erschien, weil es mit dem Außen erst einmal kollidierte.

- Es ist, was man schon immer geglaubt hat.
- Es ist, was man schon immer gewusst hat.
- Es ist, was man intuitiv schon immer anders gemacht hat.
- Es ist, was schon immer begeistert und Freude gemacht hat.
- Es ist, was man vielleicht einfach so konnte (Dieser verbreitete Irrtum, man müsste alles lernen...)
- Es ist, was man vielleicht auch schon oft als Schwäche ansah, obwohl es eigentlich eine große Stärke ist.
- Es ist vor allem individuell.

Das braucht einem niemand sagen. Davon braucht einen niemand überzeugen.

Man muss es nur in sich finden und dann danach handeln.

Dabei beginnt man einfach dort, wo man gerade steht in der Entwicklung und folgt dem, was man gerade weiß. Und indem man Energie einsetzt für eigene persönliche Ziele, wird es sich automatisch immer mehr zu den Ideen hin entwickeln, von denen hier die Rede ist.

Nicht nur man selbst muss seine Träume und Visionen finden, sondern auch die Träume und Visionen werden einen finden - Hauptsache, man hat sich auf den Weg gemacht.

Gefühle I

Die Psyche besitzt eine Art Selbstreinigungssystem, ähnlich dem Immunsystem des Körpers. Dieses System spürt im Glaubenssystem Störfaktoren auf und transportiert sie nach oben ins Bewusstsein, damit sie dort angeschaut, überprüft und geändert, angepasst, verworfen oder auch bekräftigt werden.

Die Störfaktoren sind Ideen, welche der Entfaltung des Geistes im Wege stehen.

Es sind entweder Ideen, welche die Entfaltung direkt blockieren (Grenzen) oder Ideen, welche die Energien des Geistes anderweitig binden (Probleme), so dass sie für die Entfaltung nicht mehr zur Verfügung stehen.

Die Gefühle sind der Stoff, aus dem das Selbstreinigungssystem der Psyche gemacht ist.

Gefühle transportieren Ideen. Gefühle sind die emotionale Entsprechung von Ideen. Gefühle sind die Übersetzung von Ideen ins emotionale System. Sie sind die Reaktion der Psyche auf Ideen.

In dieser Sicht werden Gefühle zum Beispiel klar unterschieden von Körper-Empfindungen, wie z.B. Schmerzen.

Das ist auch der Grund, warum ich in diesem Buch ausdrücklich und häufig den Begriff *sich einer Erfahrung öffnen* verwende. Eine Erfahrung ist umfassender und die Erfahrung ist für die Öffnung das Wesentliche.

Denn die Erfahrung umfasst Wahrnehmungen, Körper-Empfindungen, Situationen und Ideen - aber eben auch Gefühle.

Die Gefühle sind aufs Engste mit all dem verbunden: mit Wahrnehmungen, Situationen, Körper-Empfindungen und Ideen.

Sich einer Erfahrung zu öffnen heißt unter Umständen auch, richtig hinzuschauen, sich in eine Situation hineinzutrauen, einen körperlichen Schmerz zuzulassen.

Sich Gefühlen zu öffnen und Gefühle fließen zu lassen ist ein wesentlicher Teil der Öffnung für Erfahrungen.

Es kann sein, dass sich eine Erfahrung nur als Gefühl verwirklicht. Das ist ein Spezialfall bzw. auch kennzeichnend für das frühe Stadium des Verwirklichungsprozesses.

Gefühle bewegen sich normalerweise. Sie drängen nach oben ins Bewusstsein.

Positive Gefühle sind verbunden mit Ideen, welche der Entfaltung dienen, negative Gefühle sind verbunden mit Ideen, welche die Entfaltung einschränken.

Wenn man die Idee einer Erfahrung entschlüsseln möchte, dann ist das Gefühl der Schlüssel dazu.

Gefühle bewegen sich ganz von alleine. Sich einem Gefühl zu öffnen ist ein vollkommen passiver Vorgang. Er ist so passiv, wie es passiver gar nicht geht. Es ist nur Öffnung, sonst nichts. Die Gefühle kommen von alleine. Wenn man sich öffnet und es passiert nicht, wovon man wollte, dass es passiert, dann ist es eben so.

Es braucht auch keinerlei Methoden, Visualisierungen, komplizierte Verfahren, Mittelchen oder sonstige Psychotricks. Absolut nichts von alledem.

Warum sage ich das?

Negative Gefühle lösen instinktiv die Schlussfolgerung aus "Hier stimmt was nicht."

Diese Schlussfolgerung aber wird nahezu immer übersetzt in "Ich muss etwas unternehmen", denn "sonst passiert ja nichts".

Wenn man nicht sofort etwas tut, dann bleibt der Missstand, auf den das negative Gefühl hinweist - so denkt man.

Und das ist ein Irrtum.

Die schnelle Reaktion auf ein negatives Gefühl ist das Handeln in der Ego-Ebene, wo es aber im Falle eines negativen Gefühls nicht hingehört.

Die eigentliche Aufgabenverteilung ist die:

Dem Gefühl öffnet man sich und lässt es sich bewegen oder auch nicht bewegen, wie es eben will. Auf Ego-Ebene muss ins Glaubenssystem geschaut werden, so wie es sich zeigt. Und da sind ggf. neue Entscheidungen nötig.

Gehandelt wiederum wird - falls es überhaupt notwendig ist, denn oft ist es das auch gar nicht - also gehandelt wird auf Grund von Möglichkeiten. Die Möglichkeiten tauchen im Verlauf des Prozesses auf, z.B. durch Entscheidungen über das Glaubenssystem.

Und das ist so wichtig, diesen Unterschied zu verstehen, ob ein Handeln durch ein negatives Gefühl getrieben oder durch eine Möglichkeit ausgelöst wird. Das unterscheiden zu lernen ist Teil des Prozesses, den ich *geistige Differenzierung* nenne, bei dem man innere Vorgänge immer besser sehen, unterscheiden und verstehen lernt.

Aber der Reaktionszwang auf negative Gefühle ist eben auch erst einmal da. Er löst sich Schicht um Schicht und nach und nach, je mehr man sich dem Kern seines Glaubenssystems im Prozess der Erkenntnis nähert, wo die ganz grundlegenden Annahmen über das Ich und die Welt sitzen.

Ich selbst habe lange Zeit den Fehler gemacht, dass ich negative Gefühle - nachdem ich mehrmals die erstaunliche Erfahrung ihrer Auflösung gemacht hatte - als eine Art Zauber-Wunderwaffe angesehen habe: "Wo ist das nächste negative Gefühl, mit dem sich erstaunliche Wirkungen erzielen lassen?"

Ich begann sie zu forcieren, zu verstärken, draufzudrücken, zu beschleunigen und zu provozieren.

So geht das aber nicht - wie ich leider feststellen musste.

Und negative Gefühle kommen ja nur mit Begrenzungen einher. Wenn keine Begrenzungen da sind, sind auch keine negativen Gefühle da. Dann muss man ohne sie auskommen. Gar nicht so einfach! (kleiner Scherz)

In einer Situation, wo etwas nicht geht, es einfach nur ohne absolut jede Reaktion so stehenzulassen, dass es nicht geht und sich nur dafür zu öffnen - das ist nicht einfach. Wenn das ein richtig großes negatives Gefühl auf den Plan ruft - ja dann erledigt das große negative Gefühl die Arbeit - so dachte ich. Aber wenn ganz einfach gar nichts passiert, außer dass es nicht geht - dann nicht zu reagieren, das ist die Kunst.

Es öffnet den Kanal nach innen. Das Problem erreicht dann die inneren Teile der Psyche, wo es gelöst werden kann.

Ich war auch lange Zeit dem Irrtum aufgesessen, dass die Gefühle die Arbeit erledigen und die Wirkungen erzielen. So ist es aber nicht. Die Gefühle transportieren die Ideen nach oben und dann können neue Entscheidungen getroffen werden. Dadurch eröffnen sich neue Wege und Möglichkeiten. Die müssen dann aber auch wahrgenommen werden durch Handeln oder Verhaltensänderungen.

Selbst wenn man mit einem Gefühl soweit ist, dass man nicht mehr darauf reagieren muss, bleibt es dennoch häufig zunächst so, dass das Gefühl weiterhin die Aufmerksamkeit bindet. Die Bindung der Aufmerksamkeit an das Gefühl ist der letzte Rest von darauf reagieren müssen. Man glaubt, die Aufmerksamkeit nicht einfach von dem Gefühl abziehen zu können, weil dann ja nichts passiert.

Das ist die irrtümliche Annahme, dass man mit einem negativen Gefühl doch *irgendetwas* tun muss, damit es weggeht. Und das stimmt nicht.

In dem Moment, wo man das erkennt, kann man mit der Aufmerksamkeit das Gefühl loslassen. Die Aufmerksamkeit wird frei für andere Dinge und das Gefühl verliert den Rest seines Schreckens, den es vielleicht mal hatte. Es ist plötzlich ganz handlich und beweglich und schränkt nicht mehr ein.

Man kann gleichzeitig die Aufmerksamkeit von einem Gefühl abziehen und es dennoch nicht blockieren oder unterdrücken. Das ist kein Widerspruch.

Dieser Prozess wiederholt sich wieder und wieder auf den verschiedensten Ebenen der Entwicklung.

Es löst sich in diesem Prozess die Identifizierung des Ich mit dem Gefühl. Ich und Gefühl werden jedes für sich selbstständig beweglich, während sie vorher zwanghaft verbunden waren.

Es ist ein schrittweiser Prozess. Man braucht sich keine Vorwürfe machen, wenn man nicht gleich sämtliche Reaktionen auf ein Gefühl einstellen oder die Aufmerksamkeit komplett anderen Dingen zuwenden kann.

Sich von einem Gefühl zu lösen kann bestimmte Verhaltensänderungen einschließen. Das hängt davon ab, worin genau die Reaktion auf ein Gefühl bestand:

- Manche Gefühle lösen sich, indem man sich total entspannt, sich dazu vielleicht auch hinlegt und dann alle Muskeln entspannt, geistig alles loslässt, um dann das Gefühl ganz hochkommen zu lassen. Das sind Gefühle, auf die man mit ständiger Anspannung reagiert.
- Andere Gefühle wiederum lösen sich, indem man sich nicht weiter um sie kümmert und einfach in der Tagesordnung weitergeht.

Man kann hier ruhig ein bisschen offen und locker herumexperimentieren. Wenn eine Sache nicht funktioniert, probiert man einfach mal was anderes.

Ein negatives Gefühl löst häufig den Impuls aus "Ich habe etwas falsch gemacht. Ich muss etwas ändern." Es ist aber absolut kein Widerspruch, mit fortschreitender Entwicklung mit stärkeren negativen Gefühlen oder sogar mit einer Depression konfrontiert zu werden. Das muss nicht heißen, etwas falsch gemacht zu haben. Es handelt sich dabei ganz einfach um Gefühle, die vorher blockiert, unterdrückt und überspielt waren. Diese Gefühle kommen zum Vorschein, während sich Schicht um Schicht blockierter Gefühle vom Kern der Persönlichkeit ablöst und in Bewegung setzt. Es sind die Gefühle, die mit den ganz zentralen negativen Ansichten des Glaubenssystems verbunden sind wie:

- Ich bin nichts wert.
- Niemand liebt mich.
- Ich mache immer alles falsch.
- Ich bringe nichts zustande.
- Niemand interessiert sich für das, was ich tue.
- Es hat doch alles keinen Sinn.
- Ich bin so negativ.
- Mein Leben ist so trostlos.

usw. Dass diese Gefühle und Ideen sich nun zeigen ist natürlich die Voraussetzung dafür, sich überhaupt mit ihnen auseinandersetzen und neue Entscheidungen treffen zu können.

Und es ist auch kein Problem, dass diese Gefühle da sind, da ja das Handeln von der emotionalen Situation zunehmend entkoppelt wird. Man ist nicht mehr auf gute Laune und Motivation angewiesen, um das anzugehen, was wirklich wichtig ist. Und während man ganz unabhängig von der Gefühlssituation einfach tut was man will, verlieren die Gefühle ihre Bedeutung und eines Tages stellt man ganz überrascht fest, dass sie schon lange nicht mehr da waren.

Gefühle II

Ich hatte über viele Jahre eine ganz bestimmte Art und Weise, mit Gefühlen umzugehen:

Immer wenn Gefühle irgendwie im Anmarsch waren, legte ich mich hin und entspannte mich, um sie hochkommen zu lassen.

Das funktionierte manchmal und manchmal funktionierte es nicht. Im Laufe der Jahre bemerkte ich aber, dass es eigentlich überwiegend nicht mehr funktionierte und mein Leben schien ganz zum Stillstand gekommen zu sein. Es bewegte sich ganz einfach gar nichts mehr. Es war Zeit für neue Erkenntnisse.

Gefühle sind immer auf irgendeine Weise verbunden mit Ideen und Verhaltensänderungen. Und je nachdem wie ein Gefühl in Relation zu Idee und Verhaltensänderung steht, funktioniert das mit dem *einfach nur hochkommen lassen* oder nicht.

Zunächst - was ist damit gemeint, wenn ich sage, *es funktioniert*?

Damit ist gemeint, dass ein Gefühl wie eine mächtige Welle anrollt, über einen hinwegrollt und dann verschwindet. Es löst sich ganz auf. Und nicht nur das, es lässt einen befreit, erleichtert und oft auch glücklich zurück.

Dafür zwei Beispiele:

Ich hatte eine Beziehung beendet, weil mir klargeworden war, dass ich sie nur aufrechterhielt, um nicht alleine in meinem tristen Alltag herumsitzen zu müssen. Das war zu einer Zeit, als ich noch nicht begonnen hatte, zielstrebig auf die Verwirklichung meiner Träume hinzuarbeiten.

Nun war die Beziehung beendet und ich saß allein in meinem tristen Alltag. Das war aber nicht alles, was mich drückte. Da war noch etwas anderes. Da war eine bestimmte Idee und mit ihr verbunden ein großes Gefühl - ein sehr großes Gefühl. Es saß so ein bisschen unterschwellig und ich nahm es nicht voll bewusst war.

Aber die Idee hinter dem Gefühl drängte mich "Ruf sie an und sag ihr, dass du einen Fehler gemacht hast und die Beziehung weiterführen möchtest." So drängte es mich. Und man beachte, dass genau das die Stelle ist, an der das Gefühl mit einer Verhaltensänderung verbunden ist. Denn hier hatte ich zwei Alternativen: in die Beziehung zurückkehren oder das Ende aufrechterhalten.

In die Beziehung zurückzukehren hätte in diesem Fall verhindert, dass das Gefühl ganz herausgekommen wäre.

Ich entschied mich anders. Ich entschied mich, sie nicht anzurufen und stattdessen der Sache voll ins Auge zu schauen. Und da kam es knüppeldick:

Immer wenn du einen Menschen triffst, den du wirklich liebst, machst du alles kaputt!

Ich rang nach Luft, hatte das Gefühl, kaum noch atmen zu können und vergoss Bäche von Tränen. Für einen Moment war ich mit dieser Idee konfrontiert als sei sie eine unumstößliche und schreckliche Wahrheit. Und dann war es vorbei. Es zog genauso schnell ab, wie es gekommen war. Ich war völlig erschöpft und gleichzeitig glücklich. Eine gigantische Last war von mir genommen:

Die Idee stimmte ganz einfach nicht. Liebe hin oder her, es war genau richtig, eine Beziehung voller ungesunder Abhängigkeiten zu beenden.

Das Gefühl war über mich hinweggerollt und hatte eine irrtümliche Annahme vollständig und rückstandsfrei in einem Rutsch aufgelöst.

So ist es richtig geil! Ich weiß, dieses Wort sagt man nicht. Aber es gibt einfach nichts, was diesen Vorgang sonst wirklich treffend beschreiben kann. (Und meine Tochter hat das Wort nicht von mir sondern aus dem Kindergarten!)

Das Gefühl war hier auch deshalb so heftig, weil ich vorher nie gewagt hatte, die Idee richtig anzuschauen - aus Angst es könnte die Wahrheit sein - und deshalb hatte sich die Idee im Laufe meines Lebens mit vielen anderen Ereignissen verbunden und aufgeladen.

Für dieses Gefühl brauchte es nicht einmal Entspannung. Es kam mit solcher Kraft, dass nichts es aufhalten konnte. Aber es kam erst, nach zwei klaren Entscheidungen:

1. nicht in die Beziehung zurückzukehren
2. die Idee anzuschauen und das Gefühl hochkommen zu lassen - mich damit zu konfrontieren

Das ist im Vergleich zu früheren Gelegenheiten eben auch eine klare Verhaltensänderung. Und diese Verhaltensänderung musste der Auflösung von Gefühl und falscher Annahme vorausgehen.

Man beachte auch die klare Unterscheidung der Verhaltensänderung von der Reaktion auf das Gefühl:

- Die Reaktion auf das Gefühl wäre gewesen, in die Beziehung zurückzukehren. Das Gefühl taucht auf und will einen zu irgendetwas treiben. Das ist die Reaktion.
- Die Verhaltensänderung dagegen ist in keiner Weise getrieben. Sie ist ein selbstbestimmter und selbstbewusster Akt, der auf dem Glauben an die eigene Handlungsfreiheit beruht.

Oft hilft es der Mobilisierung von Gefühlen oder der Öffnung für Erfahrungen auf die Sprünge, wenn man die dahinterstehende Idee innerlich oder laut ausspricht, so wie man sie erkennt. Das macht die Schleusen auf.

Beispiel 2:

Es kam ungefähr 4 Monate in der Zukunft eine sehr große Steuernachzahlung auf mich zu, eine Steuernachzahlung, die ich gegenwärtig nicht hätte leisten können. Seit Monaten schon bemühte ich mich, mehr zu arbeiten und genügend zu ersparen, aber es funktionierte nicht richtig. Weil ich nicht wollte. Es ödete mich total an, noch mehr arbeiten zu müssen.

Eines Morgens direkt nach dem Aufwachen, flog mich der Gedanke an "Ich werde es nicht schaffen". Das war genau der Gedanke, der mich seit Monaten antrieb "Streng dich mehr an, sonst schaffst du es nicht." Nur dieses Mal kam er in etwas anderem Gewand: "Du wirst es nicht schaffen".

Und das ist jetzt genau wieder die Stelle mit den Alternativen:

1. entweder sich noch mehr anzustrengen
2. oder sich zu stellen

Ich entschied mich für die Konfrontation mit der Situation: Ich würde mich nicht weiter und mehr anstrengen, denn das war schließlich auch das, was ich die ganze Zeit schon getan hatte mit stetig steigendem Frust. Es musste eine andere Lösung geben. Das war genau die Verhaltensänderung.

Ich ging also ins Bett zurück, entspannte mich und ließ es hochkommen. An diesem Punkt war Entspannung genau die richtige Wahl. Es kam nach oben und schüttelte mich ordentlich durch. Die Angst schüttelte mich durch. Ich war direkt mit der Situation konfrontiert, eine große Forderung des Finanzamtes nicht begleichen zu können. (Man beachte, dass die Konfrontation mit dem materiellen Anschein erfolgt und nicht mit einer "harten" materiellen Tatsache, denn die erwartete Forderung lag 4 Monate in der Zukunft und nicht heute oder morgen.)

Interessant ist auch immer wieder, wie starke Gefühle die verschiedensten Körperreaktionen hervorrufen können. Dieses Mal also schüttelte es. Manchmal kribbelt es auch auf der Haut oder es drückt im Kopf herum. Aber Angst schüttelt oft. Ich zitterte am ganzen Leib.

Dann war es vorbei. Die Angst war völlig weg und der Druck auch.

Und unmittelbar darauf kam ein Gedanke: "Schreib doch einfach jetzt dein erstes Buch. Erfüll dir deinen Traum. Dann ist es egal, was passiert. Du hast getan, was du wirklich wolltest und das ist wirklich wichtig."

Lange Rede kurzer Sinn. Ich tat genau das, schrieb das Buch und kümmerte mich nicht weiter um die Nachzahlung. Es geschah dann das Erstaunliche: Durch den Umstand mein erstes Buch wirklich geschrieben zu haben - und es war richtig gut geworden - war ich so euphorisch und glücklich, dass ich fast wie nebenbei ein Softwareprojekt nach dem anderen durchzog und die Nachzahlung bezahlen konnte.

So ist das mit dem Idealfall der Gefühle: Einmal richtig durch und alles ist gut.

Aber so ist das nicht immer:

- Nicht alle Gefühle haben diesen Riesen-Wellen-Charakter. Es gibt auch viele Gefühle, mit denen man über bestimmte Zeiträume hinweg immer wieder konfrontiert ist. Man kann ja auch nicht wochenlang im Bett liegen, sich entspannen und warten, bis die Gefühle es für nötig befinden, sich aufzulösen.

- Es gibt auch Gefühle die verschwinden ganz unauffällig: Die ganze Zeit waren sie da und eines Tages stellt man fest, dass sie schon eine ganze Zeit lang verschwunden sind.

- Andere Gefühle wiederum verschwinden nur dann, wenn man sich entschließt loszuhandeln. Nix mit hinlegen und entspannen! Da ist Action gefragt. Die Verhaltensänderung besteht im Loshandeln.

- Gefühle können sich sowieso nur dann auflösen, wenn die damit verbundene Verhaltensänderung bzw. die innere Entscheidung bereits erfolgt ist. Das sind die Gefühle in der Transformation. Mit dem Entschluss die Beziehung aufrechtzuerhalten oder mich weiter anzustrengen, genügend Geld zusammenzuverdienen, hätte ich mich lange entspannen oder was auch immer können. Da wäre nichts hochgekommen.

- Krisen-Gefühle sind Gefühle vor der Verhaltensänderung. Sie verstärken sich solange, bis man kapiert, um welche Verhaltensänderung bzw. innere Entscheidung es geht. Da löst sich auch nichts auf durch Entspannung und Hinlegen. Da würde man höchstens besser mitbekommen, dass es sich auf diese Weise niemals auflösen wird.

Annahme

Mit dem Begriff "Annahme" ist es ein bisschen kompliziert: Ich brauche ihn zweimal. Das ganze vergangene Buch hindurch habe ich den Begriff "Annahme" im Sinne einer Idee verwendet, die man für wahr hält: eine Annahme als eine Idee, an die man glaubt.

Jetzt geht es um Annahme in einer anderen Bedeutung.

Ich habe versucht für eines von beidem einen anderen Begriff zu verwenden. Aber dann passt es für mich nicht richtig. Dann kann ich nicht mehr frei und intuitiv formulieren.

Also jetzt geht es um Annahme im Sinne von *eine gegebene Situation akzeptieren*, die inneren Widerstände gegen eine Situation aufgeben.

Es war schon ausführlich davon die Rede, sich Erfahrungen zu öffnen.

Da gibt es ja Erfahrungen, die schwappen über einen Menschen herein bauen sich auf und ziehen weiter. Das ist das eine Ende der Bandbreite.

Am anderen Ende sind die Erfahrungen, die nicht so einfach weiterzuziehen scheinen, sondern die den tagtäglichen Alltag bestimmen: *die gegenwärtige Lebenssituation eines Menschen so wie sie ist*.

Das Kapitel "Annahme" beschäftigt sich nun mit einem Entwicklungsstrang, der darin besteht, die gegenwärtige Lebenssituation so wie sie ist mehr und mehr anzunehmen, ganz zu akzeptieren und sämtliche inneren Widerstände dagegen aufzuspüren und aufzugeben.

Menschen lieben es ja sehr, sich gegenseitig zu ermahnen: erst einmal, dann noch einmal und schließlich kommt der genervte Unterton dazu und "... verstehst Du nicht endlich ...", "... kannst du nicht endlich ..." und " ... wie oft habe ich dir schon gesagt ... "

Das passiert besonders bei Dingen, die irgendwie nicht so leicht umzusetzen sind.

Für mich selbst ist Annahme eine der schwersten Lektionen gewesen und so bin ich etwas versucht, bei der Weitergabe jenes Themas in genau diesen Ton zu verfallen in der klaren Erwartung, dass es sowieso niemand umsetzen wird, schon gar nicht auf meine Empfehlung hin.

Aber ich glaube daran (man beachte "ich glaube" = "ich halte es für wahr") also ich glaube noch an eine andere Möglichkeit.

Echtes Wissen schafft Verständnis. Und Verständnis wiederum sorgt dafür, dass Menschen bestimmte Dinge von sich aus wollen. Ermahnungen verüberflüssigen sich dann.

Mein eigenes Problem mit der Annahme war auch die ganze Zeit, dass ich nicht wusste: Wieso eigentlich? Wieso soll ich keine inneren Widerstände gegen diese Situation haben, wo doch alles so unerträglich ist? Wieso sollte ich keine Anstrengungen unternehmen, möglichst schnell aus dieser ganzen Misere herauszukommen?

Es erschien mir als die lästigste aller Verpflichtungen, weil die wichtigste Information fehlte:

Das Aufgeben innerer Widerstände gegen bestimmte Situationen gehört zu den wirkungsvollsten Aktionen, die man unternehmen kann, um echte Änderungen zu erzielen.

Also wenn man es wirklich loswerden will, dann ist Annahme eine äußerst wirkungsvolle Maßnahme.

Über einiges wurde schon gesprochen:

- Negativer Antrieb bewirkt nicht das, worauf man abzielt, sondern womöglich sogar das Gegenteil
- Indem man Erfahrungen tatsächlich durchlebt heben sich ihre Ursachen ins Bewusstsein.

Die gegenwärtige Lebenssituation ist eine Erfahrung, die manchmal wie festgebacken erscheint. Da bewegt sich rein gar nichts. Von wegen Erfahrungen ziehen durch und verschwinden. Diese offensichtlich nicht.

Das liegt aber eben auch an genau den inneren Widerständen. Indem diese Widerstände aufgegeben werden, kann sich die Erfahrung in Bewegung setzen.

Der noch viel wichtigere Punkt ist aber, dass man handlungsfähig wird. Innere Widerstände blockieren nicht nur die Erfahrungen sondern auch die Handlungsfähigkeit. Und um eine Lebenssituation dauerhaft zum Besseren zu wenden, braucht es auch ein ausdauerndes, entschlossenes Handeln unter neuen Ideen. Annahme befähigt einen Menschen offen, locker und gelöst nach Lösungen zu schauen.

Man akzeptiert also die momentane Lebenssituation als Ausgangspunkt für die weitere Entwicklung. Es ist ein

ganz in der Situation ankommen, so wie sie ist - egal wie sie ist.

Es gehören zwei Punkte zur Annahme:

- Die inneren Widerstände aufgeben, damit die Erfahrung *"mein Leben, wie es jetzt ist"* ihre Erkenntnisse freigeben kann.
- Die Anstrengungen einstellen, es ganz schnell weghaben zu wollen, denn damit reagiert man unterbrochen auf die Idee "Es geht mir so schlecht", was diese Idee nur noch mehr verwirklicht.

Das positive Handeln nach neuen Ideen und für die eigenen Träume erfolgt genau so, als würde man es in der glücklichsten Lebenssituation ausführen. Das ist die Entkopplung des Handelns von der emotionalen Situation. Das mag vielleicht anfangs nicht leicht sein. Aber mit der Zeit wird es immer besser gehen.

Der Willen: Volle Pulle das Falsche tun

Es ist in den Jahren meiner Suche immer wieder vorgekommen, dass die Hinweise und Empfehlungen irgendeines geschätzten Autors oder Lehrers nicht dem entsprachen, was ich eigentlich tun *wollte*.

Das trat gehäuft vor allem dann auf, wenn ich auch nicht wusste, warum ich mich auf diese oder jene Weise verhalten solle.

Und irgendwann im Laufe der Jahre traf ich eine Entscheidung: Ich würde absolut immer meinem Willen folgen - egal wer, egal was gesagt hatte. (Ich hatte auch sowieso schon sehr viel früher entschieden, niemals irgendetwas zu tun, von dem ich nicht verstanden hatte, was es sollte.)

Nun waren die Leute, deren Hinweisen ich grundsätzlich zu folgen bereit war nicht irgendwer, sondern Persönlichkeiten deren Ansicht ich durchaus hoch schätzte - Autoritäten sozusagen.

Während ich dann also tat, was ich wollte und das Gegenteil dessen, was mir eine Person geraten hatte, von der ich eigentlich annahm, dass sie Bescheid weiß, hatte ich das Gefühl, ganz das Falsche zu tun.

Ich nannte diese Vorgehensweise deshalb

Volle Pulle das Falsche tun

Dabei war mein Entschluss ganz einfach der, so lange das Falsche zu tun, bis es sich entweder als das Richtige herausstellte oder bis ich verstand, warum es auf diese Weise nicht geht.

Es hat funktioniert. Ziemlich oft war es das Falsche, aber ich wusste dann wenigstens warum.

Ich habe auf diese Weise zum Beispiel die Sache mit dem negativen Antrieb herausgefunden. Ich hatte zahlreiche Hinweise die verhindern sollten, dass sich der negative Antrieb so stark verhindernd auswirkt ("Du darfst nicht so sehr wollen" u.ä.). Ich habe sie alle ignoriert und volle Kraft aus negativen Gefühlen, Verneinungen und Ablehnungen heraus meine Energie eingesetzt.

Die Resultate waren entsprechend - falls man von Resultaten überhaupt sprechen kann. Aber ich bereue es nicht. Ich hätte wohl niemals herausgefunden, wie es wirklich geht, wenn ich nicht absolut konsequent meinem Willen gefolgt wäre.

Und das ist eigentlich auch schon die Information dieses Kapitels:

Der Willen ist der Maßstab

Ego und Seele

Es wurde in verschiedenen Kapiteln dieses Buches darauf hingewiesen, dass der Mensch mehr ist als er denkt. Seine Identität reicht weiter als er weiß. Das Ich ist unendlich viel größer, als gemeinhin angenommen.

Es wurde daher eine Trennung angenommen in

- äußeres und inneres Selbst
- Ego und Seele
- Alltags-Bewusstsein und Unterbewusstsein

Das äußere Selbst oder auch Ego oder auch Alltags-Bewusstsein ist der Teil, dessen man sich als Ich bewusst ist und der jeweils andere Teil ist der Teil des Ich, der darüber hinausgeht und der sich in spontanem Handeln, in Eingebungen und in Intuition äußert.

Nun ist diese Unterteilung für bestimmte Zwecke ganz hilfreich, aber sie provoziert einen grandiosen Irrtum:

Diese *andere Seite*, derer man sich nicht so bewusst ist, irgendwie abgetrennt und irgendwie im Außen zu lokalisieren:

"Das innere Selbst tut wieder nicht so, wie es soll" oder "Ich muss wieder warten, bis das innere Selbst endlich mal aktiv wird".

Und dann ist man ganz schnell wieder bei Ohnmacht: auf etwas anderes angewiesen sein, warten müssen usw.

Aber es ist in keinster Weise irgendwie außen. Es ist ICH.

Einer der Erkenntnisstränge, den diese Entwicklung hervorbringt ist, immer mehr und umfassender zu erkennen:

"Aber das bin ja alles ich! Das geht ja alles von mir aus!

Und das nicht im Sinne von "Ich bin schuld", sondern im Sinne von wirklich großen Möglichkeiten.

Wenn das Ego von der größeren Identität des inneren Selbst und seinen Möglichkeiten nichts weiß, dann hat das den Effekt, dass das

Ego sich lauter Aufgaben aufhalst, die es eigentlich nicht selbst lösen kann.

Die Folge sind Überforderung, Probleme und fruchtlose Anstrengungen.

Dass das Ego das tut ist nur natürlich, denn die Dinge müssen ja gelöst werden. Man kann ihm dafür keinen Vorwurf machen.

Es ist daher einer der Entwicklungsstränge der Entwicklung *zu sich selbst*, die richtige Aufgabenverteilung zwischen Ego und innerem Selbst wieder herzustellen. Die Dinge kehren damit in ihre natürliche Ordnung zurück. Das Ego erfährt Entlastung, Erleichterung, Erlösung und Erfüllung.

Verhalten

Da es in diesem Buch sehr zentral um bestimmte Verhaltensänderungen geht, muss es ein Kapitel geben, das deutlich sichtbar auf folgendes hinweist:

Es gibt große Teile des Verhaltens, die - als Teil der Erfahrung - nicht als Gegenstand für Änderungsversuche geeignet sind.

Da ist zum einen das *spontane Verhalten* und zum anderen das Verhalten, welches durch "harte" materielle Randbedingungen vorgegeben wird - vorübergehend oder dauerhaft. Letzteres wird man natürlich auch selbst herausfinden - ich wollte es nur gesagt haben, ehe es vielleicht schmerzhaft wird.

Das spontane Verhalten gehört gerade zu jenem Teil der Erfahrung, welcher in einer materiellen Weltsicht besonders gern als Gegenstand von Kontrollversuchen herhalten muss und dafür aber um so weniger geeignet ist:

"Ich hätte das nicht sagen sollen"

"Ich habe schon wieder falsch reagiert"

"Das war die falsche Entscheidung"

"Ich hätte das nicht kaufen sollen"

"Ich habe schon wieder eine Chance verpasst"

"Ich hätte mich nicht für diesen Kurs anmelden sollen"

"Ich hätte mich für diesen Kurs anmelden sollen"

"Ich habe mich mal wieder total daneben benommen"

"Ich muss mich anstrengen, nicht immer so herauszuplatzen"

"Ich darf mich auf keinen Fall wieder so aus der Reserve locken lassen"

Man probiere einmal folgendes aus:

In einer Situation, in der man mal wieder so innerlich herumzweifelt "War das nun richtig oder nicht?" und eher zu falsch tendiert, sage man sich mit einer gewissen Entschlossenheit "Das war genau richtig!"

Ich nenne das meine *Power-Suggestion*. Sie macht mich immer wieder schlagartig glücklich.

Vielleicht wirkt sie ja auch bei anderen Menschen.

Ihr Hintergrund ist, das eigene spontane Verhalten so wie es ist anzunehmen. Das innere Selbst - als Quelle des spontanen Verhaltens - hat es eben nicht so gern, wenn es dauernd alles falsch macht und es liebt es, mit seinem Verhalten richtig zu liegen.

Widersprüche und Komplexität

Widersprüche und Komplexität gehören zu den Erfahrungen, die gerne und schnell irgendwie ausgeschaltet werden. Weil man eben nicht glaubt, dass sie sich lösen werden. Und dennoch ist es gerade so, dass Widersprüche und Komplexität in Erkenntnis enden, wenn man sie vorübergehend als Teil des Lebens akzeptieren kann.

Sie entstehen durch Ideen im Glaubenssystem, die einander widersprechen und die sich - trotzdem sie sich widersprechen - gleichzeitig als Erfahrungen verwirklicht haben.

Dadurch entstehen Erfahrungen und Sichtweisen die - obwohl widersprüchlich - gleichzeitig Teil eines menschlichen Lebens sind.

Solange man den natürlichen Prozess ihrer Lösung nicht kennt, wird man immer den Drang verspüren, sich entscheiden zu müssen, um dann eine Seite aus dem Leben irgendwie herauszubekommen.

Das geht natürlich eigentlich nicht. Wenn es doch zu gelingen scheint, nachdem man sich sehr angestrengt hat, ist es lediglich eine Unterdrückung.

Erfahrungen zu unterdrücken - der Widersprüche wegen oder aus anderen Gründen - bedeutet immer einen Verlust von Energie.

In manchen Weisheitslehren gibt es dafür das Konzept der Seelenteile: Ein Teil der Seele wurde mit Unterdrückung der Erfahrung aus dem Leben verbannt, und mit ihm eine Menge Energie. Er ist natürlich nicht wirklich weg, sondern lediglich vorübergehend blockiert. Er wird aber immer wieder versuchen, irgendwie zurückzukommen.

Macht man das öfter, dann wird das Leben immer trister und langweiliger. Man lebt nur noch mit einem Bruchteil seines Seins.

Wenn man andererseits Widersprüche und Komplexität zulassen kann, dann fühlt sich das für den Moment vielleicht sehr verunsichernd an, aber die Widersprüche werden sich auflösen und die Komplexität wird sich vereinfachen.

Das geschieht durch Änderungen im Glaubenssystem: Der widersprüchliche Teil des Glaubenssystems wird durch einen neuen Teil ersetzt, in dem die Dinge wieder einfach und stimmig sind. Diese Erkenntnisse ergeben sich natürlich aus durchlebten Erfahrungen.

In einer anderen Sichtweise könnte man auch sagen, Widersprüche und Komplexität führen einen Menschen immer auf höhere Stufen der Erkenntnis, wo es diese Widersprüche und die Komplexität nicht mehr gibt.

Themen

Depression

Depression basiert auf Ohnmacht. Sie ist die Folge der Annahme, unangenehmen Lebensumständen hilflos ausgeliefert zu sein und nicht erreichen zu können, was man gerne erreichen würde.

In der Depression wurden das Handeln und weitere Versuche etwas zu erreichen weitgehend eingestellt.

Ein Mensch, der in einer Depression festhängt, hat im Allgemeinen nicht nur das unangenehme Gefühl am Hals, sondern darüber hinaus auch noch die Annahme, dass die hinter der Depression stehenden Ideen der Wahrheit bzw. der Realität entsprechen.

Das muss man sich mal vorstellen: Man hat das Gefühl keine Chance zu haben, irgendetwas an seinem Leben zum Positiven ändern zu können und darüber hinaus scheint das auch noch wahr zu sein!

Wahrlich keine sehr angenehme Situation.

Deshalb ist Depression auch meistens blockiert. Die volle Konfrontation mit dem Gefühl wird nicht zugelassen. Würde sie das, würden sich natürlich wie bei jedem anderen Gefühl auch die Lösungen zu zeigen beginnen.

Die volle Konfrontation mit einer Depression ist die volle Konfrontation mit der Ohnmacht:

"Es ist nicht möglich, mein Leben zum Positiven zu verändern und Erfüllung zu erlangen."

Das ist für ein unbegrenztes geistiges Wesen, wie es der Mensch darstellt, ein absolut inakzeptabler Gedanke.

Eine Konfrontation mit der Depression ist deshalb praktisch nur möglich, wenn man in irgendeinem Winkel seines Gehirns mal dem Gedanken eine kleine Ecke einzuräumen beginnt, dass das vielleicht gar nicht stimmt, dass man sein Leben nicht ändern kann:

Es fühlt sich zwar sehr überzeugend so an, aber es stimmt nicht.

Das Zentrum einer Depression ist eine Situation, die vollkommen ausweglos erscheint - erscheint, nicht ist! Und dennoch liegt genau dort die Lösung.

Wir hatten schon an verschiedenen Stellen über die zentralen Ideen im Gefüge einer Weltsicht bzw. eines Glaubenssystems gesprochen, auf denen sich das ganze Ideen-Gerüst aufbaut.

Die Frage von Macht oder Ohnmacht ist eine weitere solche Grundfrage:

Habe ich Macht über mein Leben bzw. über meine Erfahrung oder bin ich meinen Lebensumständen hilflos ausgeliefert?

Kurzer Einschub zum Thema Macht: Der Begriff der "Macht" ist sehr negativ besetzt, weil er meistens mit Macht über andere gleichgesetzt wird. Macht über andere ist aber Ohnmacht. Die dunkle Seite der Macht ist Ohnmacht. Man setzt für das Erreichen seiner Ziele Mittel ein, die zum Wohl des Ganzen in einem klaren Widerspruch stehen und man weiß das. Die Ursache ist, dass man seine Ziele anders nicht für erreichbar hält. Und das ist Ohnmacht.

Gut, aber was kann man tun?

Die Lösung war schon ausführlich Thema dieses Buches. Ich empfehle eine Doppelstrategie (und ich weiß, dass sie funktioniert, weil ich meine eigene Depression auf genau diese Weise überwunden habe):

- Die Blockaden gegen die depressiven Gefühle schrittweise auflösen. Das erfordert gleichzeitig, mal ganz ernsthaft den Gedanken zu prüfen, dass das Leben vielleicht doch mehr Möglichkeiten bieten könnte, als es gegenwärtig scheint. Das heißt, sich mit der Frage von Macht und Ohnmacht auseinanderzusetzen.

- Für die eigenen Wünsche und Ziele wieder zu handeln beginnen und zwar so, wie es im Kapitel *"Das Handeln der 3. Art"* beschrieben wurde. Das heißt, man beginnt etwas für die Verwirklichung der eigenen Träume zu tun und öffnet sich gleichzeitig den Gefühlen, welche durch das Handeln auf den Plan gerufen werden.

Man muss hier folgendes verstehen:

In einer Depression ist man zwischen zwei verschiedenen Gefühlen eingeklemmt, die alle beide nicht angenehm sind:

- die Depressionsgefühle, welche die Ohnmacht repräsentieren
- die Gefühle, welche mit der begrenzenden Idee verbunden sind, welche dazu geführt hat, dass man das Handeln eingestellt hat

Die Depressionsgefühle sind die Gefühle, die den Menschen zum Handeln bewegen wollen. Sie werden sich solange immer weiter verstärken, wie man nicht zu handeln beginnt. Das ist die Krise. Die Krise wird sich solange weiter zuspitzen, wie man nichts tut.

Die Gefühle auf der anderen Seite haben bisher das Handeln verhindert. Diesen Gefühlen stellt man sich nun, indem man zu handeln beginnt. Hier steckt irgendein individueller Grund dahinter. Es könnte zum Beispiel die Annahme sein "Was ich tue ist nichts wert." Diesen Gefühlen begegnet man auf dem Weg aus der Krise heraus.

Indem man zu handeln beginnt, leitet sich die Transformationsphase ein. Man wird der Begrenzung (im Beispiel "Was ich tue ist nichts wert.") möglicherweise noch eine ganze Weile begegnen. Es geht jetzt darum, konsequent weiterzuhandeln - egal welchen Gefühlen und Begrenzungen man dabei begegnet.

Man sieht am Beispiel von Depression, wie die Ideen verschiedener Ebenen auf sehr interessante Weise miteinander verknüpft sind. Das Gefüge unseres Glaubenssystems ist ein höchst subtiles Gesamtgebilde. Änderungen an einer Stelle haben immer Rückwirkungen auf das Ganze.

Die Depressionsgefühle selbst sind verknüpft mit der Ohnmacht: "Ich kann nichts tun." Sie verstärken sich so lange man nichts tut immer weiter.

Warum?

Indem man nichts tut, reagiert man auf die Idee "Ich kann nichts tun." Man reagiert, denn man weicht vom natürlichen Verhalten ab, das darin bestehen würde, seinen Wünschen und seinem Willen zu folgen.

Da man auf die Idee reagiert, verstärken sich die Gefühle immer weiter.

Auf der anderen Seite warten die Gefühle, die mit der Idee verknüpft sind, welche den Grund dafür darstellt, dass man nichts tut. Zum Beispiel "Was ich tue ist nichts wert."

Indem man sich diesen Gefühlen stellt, hört man einerseits auf, auf die Ohnmacht zu reagieren, gleichzeitig gelangt man in die Lösungsebene - die 3. beteiligte Ideenebene.

Denn indem man sich den Gefühlen der Idee "Was ich tue ist nichts wert" stellt, findet man heraus, dass das gar nicht stimmt, sondern dass die Schwierigkeiten, auf die man gestoßen ist, einen ganz konkreten Grund haben, der sich aber auflösen lässt. Vielleicht waren zum Beispiel einfach nur falsche Vorstellungen über den Weg zum Ziel das Hindernis und nun beginnt man aber die Lösungen zu sehen.

Die Annahme "Ich kann nichts tun" hat verhindert, dass man sich mit der Idee "Was ich tue ist nichts wert" auseinandergesetzt hat. Und das wiederum führte dazu, dass die Lösung nicht hochkommen konnte.

Depression ist keine Krankheit. Sie ist einfach eine Reaktion des inneren Wesens auf Ideen von Ohnmacht. Sie wird immer dann zurückkehren, wenn solchen Ideen im Glaubenssystem wieder stattgegeben wurde.

Bei diesen Schwierigkeiten, denen man auf dem Weg zu den eigenen Träumen und Visionen begegnen kann, stellt sich unweigerlich die Frage "Warum? Was soll das? Warum muss es so schwer sein?"

Man erfährt die Antwort, indem man sich diesen Aufgaben stellt und die Hürden überwindet: Was man gewinnt ist unschätzbar wertvoll:

Es stellt sich eine Ahnung ein, von den eigenen unendlichen Möglichkeiten und man lernt vor allem, wie man sie einsetzt - für jede beliebige Aufgabe und in jeder Situation. Und das ist schon ein bisschen so, als hätte man den heiligen Gral (die Macht alles erreichen zu können, was man erreichen will), den Stein der Weisen (die innere unerschöpfliche Quelle des Wissens) und den Goldesel (äußerer Reichtum als Zeichen inneren Reichtums) gleichzeitig gefunden.

Angst

Angst ist eine Schutzfunktion. Sie bewahrt einen Menschen vor ernsthaften Schäden verschiedenster Art. Indem man sich der Angst öffnet, ergreift man spontan die richtigen Maßnahmen.

Das gilt für berechtigte Ängste. Sie sind im Leben normalerweise nicht übermäßig häufig. Vielfach verhält man sich völlig selbstverständlich so, dass es wenig Anlass zu echten Ängsten gibt.

Daneben gibt es eingebildete Ängste. Eingebildete Ängste sind im gegenwärtigen Mensch-Sein nicht gerade selten.

Eine Häufung eingebildeter Ängste ergibt sich immer irgendwie aus einer Weltsicht, die nicht sehr gut mit der wahren Natur der Realität übereinstimmt oder sogar vollkommen falsch ist. Zum Beispiel:

- materielle Weltsicht: In einer Welt, die aus der Materie entstand und in der Zufälle und Naturgesetze regieren, kann jederzeit alles Mögliche geschehen. Da muss man ständig damit rechnen, dass das Geschehen für einen selbst ungünstig verläuft. Denn die Welt macht ja unabhängig vom einzelnen Menschen einfach irgendwas.

- Pseudo-geistige Weltsicht: Die Annahme der unabhängigen und selbstständigen Existenz des Bösen und strafender Autoritäten, die Macht über den Menschen haben und diese Macht jederzeit einsetzen könnten.

Geistige Weltsicht richtig verstanden, rechtfertigt ein tiefes Vertrauen ins Leben und in die umgebende Welt. Sie ist der Schlüssel zu einem Leben, das sich schrittweise von allen eingebildeten Ängsten befreit.

Das Problem ist nicht, Angst zu haben. Das Problem ist auch nicht, eingebildete Ängste zu haben. Das Problem ist, sich der Angst nicht zu stellen und zu öffnen.

Eingebildete Ängste haben vor allem die Eigenschaft, die Handlungsfreiheit eines Menschen einzuschränken. Sie führen dazu, dass die Situation, welche die Angst auf den Plan ruft, gemieden wird. Das ist ja auch die normale Funktion der Angst - nur wenn sie eingebildet ist, gibt es keinen echten Grund, die Situation zu meiden. Sie lassen einen Menschen dort nicht handeln, wo er eigentlich handeln *will* bzw. bewegen sie den Menschen zu einem anderen Verhalten, als er es eigentlich will.

Wenn man auf eine eingebildete Angst reagiert, reagiert man damit gleichzeitig auf die dahinterstehende einschränkende Idee. Das hat 2 Konsequenzen:

1. Der Handlungsspielraum schränkt sich immer weiter ein.
2. Es wird ein bisschen wahrscheinlicher, dass das Befürchtete tatsächlich eintritt.

Die Einschränkung der Handlungsfreiheit kann so weit gehen, bis man in einem bestimmten Bereich seines Lebens völlig gelähmt ist und es zu einer ernsthaften Krise kommt.

Dann wird einem Menschen langsam klar, dass hier irgendwas mit den Grundannahmen nicht stimmen kann.

Andererseits was will man erwarten: Wenn man zufällig aus ein paar Lehmklumpen entstanden ist, dann ist man dem zufälligen Geschehen der Lehmklumpen eben auch ziemlich hilflos ausgeliefert. In so einer Welt gibt es nicht viel zu lachen. Es sei denn man hat eine Menge Galgenhumor.

Die Lösung ist, sich einer Angst zu stellen. Das bedeutet, sich mit der Angst zu konfrontieren. Und das wiederum bedeutet, doch in die Situation hineinzugehen, in welcher die Angst auftritt.

Während man das tut, kommt die Angst natürlich voll nach oben geschossen. Und dann öffnet man sich der Angst und lässt sie hochkommen.

Indem man sich einer eingebildeten Angst stellt, wird man sie los. Sie verschwindet ohne Rückstände.

Manche eingebildete Ängste kann man in einem Durchlauf loswerden, anderen muss man sich eine Zeit lang immer wieder stellen und dann sind sie irgendwann weg.

Das gilt für komplett eingebildete Ängste. Daneben gibt es aber auch echte Ängste und es gibt Mischformen. Das sind Ängste, die einen echten Anteil haben, der aber weit übertrieben wird.

Bei vielen eingebildeten Ängsten weiß man eigentlich recht klar, dass sie eingebildet sind, sobald man mal ein bisschen darüber nachdenkt.

Bei anderen ist es aber nicht so klar bzw. weiß man nicht, wo genau die Grenze zwischen berechtigtem und eingebildetem Angst-Anteil verläuft.

Es wäre also möglich, dass man sich einer Angst stellen möchte um sie loszuwerden, die eigentlich ihre reale Berechtigung hat.

Das heißt man begibt sich in die Situation, vor der die berechtigte Angst eigentlich schützen möchte.

Das ist nicht wirklich ein Problem, weil man sich ja der Angst dabei öffnet.

Indem man sich der Angst aber öffnet, öffnet man gleichzeitig den Kanal für den Durchgriff des inneren Selbst auf die Situation. Und das wiederum führt falls nötig zu notwendigen spontanen Reaktionen oder es kommen Gefühle nach oben, die einen Menschen recht schnell erkennen lassen, dass es hier tatsächlich nicht weitergeht. Das sind Gefühle, die sich so lange immer weiter verstärken, bis notwendige Verhaltenskorrekturen erfolgen.

Man hat es also unter Umständen mit zwei Arten von Gefühlen zu tun:

- die Gefühle, welche mit eingebildeten Ängsten verbunden sind: Im Idealfall kommen sie wie eine Welle, rollen über einen hinweg und verschwinden dann. So ist es natürlich nicht immer. Man erkennt sie daran, dass sich nach ein paar Versuchen die Identifizierung mit ihnen lösen lässt. Man kann sie da sein lassen und gleichzeitig völlig gelassen bleiben.

- die Gefühle, welche mit berechtigten Ängsten verbunden sind: Sie intensivieren sich kontinuierlich immer weiter, bis es absolut unerträglich wird und auch dem begriffsstutzigsten Menschen klar werden würde: "Da geht es nicht lang."

Wenn man diese Dinge praktisch tut, lernt man das immer besser unterscheiden.

Nun werden manche Leute vielleicht sagen: "Aber ich sehe doch täglich in den Nachrichten, was alles passieren kann."

Dazu möchte ich folgendes anmerken:

- Die gegenwärtige Form der Nachrichtenverbreitung schüttet seltene Einzelereignisse über die nahezu ganze Menschheit aus. Dadurch entsteht ein ganz falscher Eindruck über die Häufigkeit negativer Ereignisse. Das ist aber noch nicht einmal der springende Punkt:

- Der eigentliche Irrtum ist, negative Ereignisse als etwas zu verbreiten, das denen die es erfuhren, vollkommen zufällig und willkürlich geschah. Der Zusammenhang zum Leben und vor allem zum Innenleben der Betroffenen fehlt völlig. Man kennt ihn ja oft auch nicht. Die Betroffenen geben diese Informationen ja auch nicht preis. "Wenn es irgendwem auf der Welt so geschah, dann kann es doch jederzeit ganz genau so mir widerfahren." Das ist die Annahme. Und die Frage ist, ob das stimmt.

- Medien behaupten immer, sie würden "informieren". Dabei "informieren" sie aber absolut überwiegend über negative Geschehnisse und Entwicklungen. Es erschiene auch irgendwie lächerlich, die Gewichtung herumzudrehen und überwiegend Positives zu berichten. Da hätte man das Gefühl: "Was soll das? Das ist doch nicht wichtig." oder "Ist das nicht ein bisschen lächerlich?" Aber wäre das wirklich so lächerlich? Und braucht man tatsächlich das Wissen über all die Negativ-Geschehnisse? Was sind die Gründe für dieses Phänomen? Und stimmen sie, diese Gründe? Eine interessante Denksportaufgabe!

Tatsache ist, dass durch die Medien in der gegenwärtigen Form eine Art Parallel-Realität im Kopf entsteht: Der innere Eindruck von den Eigenschaften dieser Welt ist durch Medien-Berichterstattung geprägt, die aber in einem absolut krassen Gegensatz zur eigenen ganz persönlichen Lebenserfahrung steht.

Die eigene ganz persönliche Lebenserfahrung, so wie sie tatsächlich ist, würde eine vollkommen andere Welt innerlich herauskommen lassen, als die durch die Medien geprägte. Es schadet sicher nichts, sich das von Zeit zu Zeit klarzumachen.

Heilung

Was käme dabei heraus, wenn man die geistige Weltsicht auf das Thema Krankheiten bzw. gesundheitliche Einschränkungen anwendet?

Dann wäre eine Krankheit bzw. gesundheitliche Einschränkung der Auslöser einer Erfahrung.

Und diese Erfahrung wiederum wäre die Verwirklichung einer Idee.

Und diese Idee wiederum hat sich deshalb verwirklicht, weil der Mensch, der die Erfahrung erfährt, sich in seinem Verhalten nach der Idee gerichtet hat.

Möchte man der Idee hinter einer Krankheitserscheinung auf die Schliche kommen, dann muss man den Blickwinkel darauf verändern.

Normalerweise schaut man auf die Symptome und organischen Ursachen. Der neue Blickwinkel ist:

Was ist die Erfahrung, die sich durch die Krankheit bzw. das Symptom verwirklicht?

Gegenwärtig hat die Menschheit sehr viel mit der Unverträglichkeit von Nahrungsmitteln zu tun bzw. mit Krankheiten die dazu führen, dass ein Mensch bestimmte Nahrungsmittel nicht mehr essen kann.

Was ist die Erfahrung, welche dadurch verwirklicht wird?

Dieses oder jenes Nahrungsmittel ist nicht gut für mich.

oder

Ich darf dieses oder jenes Nahrungsmittel nicht essen.

Fällt Ihnen hier etwas auf?

Das ist genau das, was die Menschheit auch ohne organische Ursachen in absolut übertriebener Form praktiziert mit dem Ziel einer *gesunden Ernährung*. Und so könnte es sein, dass die großen Anstrengungen, sich gesund zu ernähren genau das Gegenteil dessen erzeugen - nämlich einen Haufen Krankheiten, welche das Essen empfindlich einschränken.

Schauen wir uns das Thema *Ernährung* ausführlich an:

Ernährung

Die menschliche Ernährung wird beherrscht von 2 Themen:

1. Gesunde Ernährung

2. Schlank bleiben oder werden

Beide Themen sind geprägt von lebenslangem Ringen: Es klappt leider nie wie es soll. Man nimmt sich zwar immer wieder vor, weniger zu essen oder sich endlich gesund zu ernähren, aber es klappt dann nicht.

Und warum klappt es nicht?

Der leidige Appetit! Er richtet sich leider nicht nach dem, was Ernährungswissenschaftler und ähnliche Experten als richtig herausgefunden haben.

Dass es die beiden Themen überhaupt gibt, beruht bereits auf einer anderen Idee:

Der Körper sich selbst überlassen würde zu viel essen und das Falsche.

Das heißt, wenn man es allein dem Appetit überließe, das Essen, dann würde es nicht richtig sein. Deshalb muss man sich bemühen, weniger zu essen und das Richtige.

Zunächst die Alternative: Was könnte man stattdessen tun?

Man könnte seinem Körper und seinem Appetit vertrauen. Man isst einfach das aus dem reichhaltigen Angebot, was man will.

In der übrigen Natur, wie sie zum Beispiel das Tierreich repräsentiert, scheint das zu klappen: Ich habe noch nie ein Reh mit Übergewicht durch den Wald rennen sehen. Und die Rehe machen auch nicht den Eindruck, sich falsch zu ernähren. Da sie aber keinen rationalen Verstand haben und auch keine Ernährungswissenschaftler bleibt ihnen nichts anderes übrig, als sich auf ihren Appetit zu verlassen. Es scheint zu funktionieren. Höchstens bei den Hummeln, da scheint es die eine oder andere gewichtsmäßige Entgleisung zu geben (kleiner Scherz).

Warum sollte es nicht auch beim Menschen funktionieren? Es würde vieles vereinfachen.

Es gibt im Umkreis dieses Themenfeldes mehrer Teilprobleme, die wir uns jetzt der Reihe nach anschauen:

1. Egal was man macht - es ist falsch

Zum Thema gesunde Ernährung gibt es ja keine einheitliche Lehre, sondern einfach nur einen Haufen verschiedener Meinungen. Tatsache ist, wenn man all das glaubt, was da an Ernährungsregeln herumgeistert, kommt man früher oder später in die Situation, gar nichts mehr essen zu können, was richtig ist. Egal, was man isst, es ist immer falsch.

2. Magersucht - die Angst vor dem Essen

Wenn man sich sehr konsequent bemüht, sich gesund zu ernähren oder weniger zu essen oder beides, dann steht man in einem ständigen Konflikt mit dem eigenen Appetit. Es ist ein Wechselspiel von guten Vorsätzen, schmachvollen Niederlagen und noch größeren Anstrengungen. Man hat ständig das Gefühl, das Falsche zu essen. Man macht immer etwas falsch, wenn man isst.

Daraus entsteht mit der Zeit eine Angst vor dem Essen. Mit Freude essen ist nicht mehr möglich. Das Essen ist ein Schlachtplatz von Kämpfen mit dem eigenen Körper.

Die Angst kann so groß werden, dass man das Essen einstellt, weil man durch das Essen mit so großen Ängsten konfrontiert wird. Das ist dann die Magersucht. Magersucht ist nicht - wie vielfach angenommen - der Versuch immer schlanker zu werden. Sondern Magersucht ist die blanke Angst vor dem Essen - die Angst schon wieder alles falsch zu machen und sich damit zu schaden - entweder durch "falsches Essen" oder durch zu viel.

Der Weg aus der Magersucht heraus führt nur durch die Angst. Man muss sich der Angst stellen und sich dabei klarmachen, dass es in Ordnung ist, so zu essen wie der Körper es möchte. Während man wieder zu essen anfängt, begegnet man natürlich all den Ängsten: dick zu werden und sich mit dem Essen zu schaden. Da muss man dann hindurch.

3. Schokolade macht dick

Wenn man sich bemüht schlank zu werden oder zu bleiben, dann ist ein zentrales Thema: *Dieses oder jenes Nahrungsmittel macht dick*. Man versucht möglichst nur solche Nahrungsmittel auszuwählen, die nicht dick machen und versucht die zu meiden, welche dick machen.

Bedingt durch den Konflikt mit dem eigenen Appetit, strengt man sich sehr an, sein Essen entsprechend auszuwählen. Dabei reagiert man ununterbrochen auf die Idee *Dieses oder jenes Nahrungsmittel macht dick*.

Und das führt dazu, dass sich das als Erfahrung umzusetzen beginnt. Der Körper wird das Essen so verwerten, dass am Ende immer besser stimmt, worauf man die ganze Zeit seine Energie investiert: Man wird von bestimmten Nahrungsmitteln schneller dick, als es der Fall wäre, wenn man sich um diese Frage nie gekümmert hätte.

4. Unverträglichkeitskrankheiten

Wenn man sich sehr um eine gesunde Ernährung bemüht, dann steht man in einem permanenten Konflikt mit seinem Appetit. Wäre das nicht so, bräuchte man sich ja nicht darum bemühen und auch überhaupt kein Thema daraus zu machen. Man strengt sich also an, damit es klappt. Dabei reagiert man mit viel Energie auf eine ganz bestimmte Idee.

Denn das ist die Kehrseite der *gesunden Ernährung*: Wenn bestimmte Nahrungsmittel gesund sind, dann sind wohl andere Nahrungsmittel ungesund, die man vom Appetit her eigentlich gerne essen würde.

Die Idee hinter den Anstrengungen um gesunde Ernährung ist: *"Dieses oder jenes Nahrungsmittel ist nicht gut für mich oder schadet mir gar."*

Und das verwirklicht sich dann: erst als Gefühl: Immer wenn man etwas isst, das eigentlich nicht richtig ist, hat man das Gefühl "Das ist nicht gut für mich"

In der Folge strengt man sich mehr an. Dann verwirklicht es sich als Erfahrung: Der Körper beginnt erste Unverträglichkeitserscheinungen zu produzieren.

Und wenn man sich dann noch mehr anstrengt, hat man irgendwann eine der vielen Unverträglichkeits-Krankheiten am Hals: Nun ist es eine Tatsache, dass bestimmte Nahrungsmittel nicht gut für den Körper sind. Man verträgt sie nicht mehr. Der Körper hat materialisiert und als Erfahrung verwirklicht, woran man die ganze Zeit geglaubt hat:

"Nahrungsmittel xy ist nicht gut für mich."

Nun kann man das entsprechende Nahrungsmittel nicht mehr essen.

Das Verhalten, welches als Reaktion auf die materielle Verwirklichung nun erzwungenermaßen erfolgt liegt sozusagen *in einer Linie* mit dem Verhalten, welches zu der Verwirklichung geführt hat. Denn auch vorher hat man sich ja darum bemüht, bestimmte Nahrungsmittel nicht zu essen, weil man dachte, sie wären nicht gut für den Körper. Da war es noch eine Idee. Und jetzt ist es eine materielle Tatsache.

Wenn man aber einmal in der Situation ist: Wie kommt man da wieder heraus?

Indem man beginnt nach neuen Ideen zu handeln - in dem Rahmen der möglich ist - in den vorhandenen Freiheitsgraden. Diese Ideen wären:

1. Der Appetit regelt das Essen - sowohl was, als auch wie viel
2. Ich kann dem vorhandenen Nahrungsangebot vertrauen.
3. Das Leben ist Fülle: Es bietet reichhaltig gesunde und leckere Nahrungsmittel

Oder wie man das auch immer individuell für sich formulieren möchte.

Ich selbst verbinde innerlich diese Ideen mit der Vorstellung der Welt als eines großen, reichhaltigen, wunderbaren Buffets an dem man sich vertrauensvoll nach Herzenslust bedienen kann. Und diese Vorstellung ist eigentlich eine Tatsache, die aber in all dem "Bio", "gesund" und "reduziert" völlig untergehen kann. Und übrigens: Qualität ist wichtiger als "Bio". Und für Qualität gibt es einen absolut herausragenden Experten: den eigenen Körper. Er reagiert auf Qualität, indem er es mag.

Nun ist es so, dass die Ernährung tatsächlich problematisch sein kann. Das heißt, es kommt vor, dass das Essen von der natürlichen Führung durch den Appetit abgetrennt ist. Dort gibt es dann ein Ernährungsproblem. Aber es liegt auf einer anderen Ebene. Rationale Kontrolle entsprechend *gesunder Ernährung* kann dieses Problem nicht lösen. Es muss auf der Ebene gelöst werden, auf der es entstanden ist:

Das Essen wird als Ersatzbefriedigung missbraucht. Das heißt, es wird zum Beispiel mehr gegessen als der Körper braucht und vielleicht ein übergroßer Anteil Süßigkeiten.

Damit teilt sich das Essen auf in 2 Funktionen:

1. die für den Körper notwendige Nahrungsaufnahme

2. Befriedigung erlangen, die man anderweitig nicht erreicht

Das Ringen um *gesunde Ernährung* oder *Idealgewicht* trifft nun genau die Ebene, die es gar nicht betrifft: da, wo sich der Körper holt, was er braucht. Und genau auf der Ebene entstehen dann auch die Probleme. Gleichzeitig wird aber die andere Ebene der Ersatzbefriedigung nicht angetastet. Das geht nämlich nicht, ohne sich den Ursachen dafür zuzuwenden.

Wie das Problem auf der richtigen Ebene gelöst werden kann, damit beschäftigt sich das Kapitel "Sucht".

So wie die Gesamtentwicklung, um die es in diesem Buch geht darauf abzielt, den eigenen Willen immer besser zur Entfaltung zu bringen, indem einschränkende Annahmen erkannt und aufgegeben werden, so geht es im Bereich der Ernährung ebenfalls darum einschränkende Annahmen aufzugeben, um den tatsächlichen Bedürfnissen des Körpers immer besser gerecht werden zu können. Und das ist dann eine gute Ernährung.

Die ersten Reaktionen

Neben der Erfahrung, welche durch Krankheitssymptome verwirklicht werden, gibt es noch einen zweiten Punkt, welcher wichtige Hinweise auf den geistigen Hintergrund von gesundheitlichen Einschränkungen liefert. Und das sind die ersten Reaktionen des Betroffenen darauf.

Ich habe mal das Buch einer Frau gelesen, der ein großer Tumor im Bauch diagnostiziert wurde. Ihre erste Reaktion war:

"Wieso geschieht das denn mir? Ich habe doch immer so gesund gelebt mit gesunder Ernährung und Sport?"

Und dann trifft sie die Entscheidung, ab sofort nur noch frisch gepresste Obstsäfte zu sich zu nehmen, "um ihren Körper bei der Heilung zu unterstützen."

Diese ersten Reaktionen auf ein Ereignis sind von allergrößter Wichtigkeit für die Entschlüsselung der Bedeutung von Geschehnissen. Denn häufig liegen sie exakt in einer Linie mit dem Verhalten, welches überhaupt erst dazu geführt hat. Es ist eine Verstärkung der Anstrengungen, die es schon vorher gab:

Die Anstrengungen, *gesund zu leben*. Offensichtlich hatte sie das ziemlich gründlich getan, wenn mit Auftauchen des Tumors nur noch frisch gepresste Obstsäfte als Ernährung übrig blieben.

Und dieses Verhalten wiederum basiert direkt auf den Ideen, welche hinter der Erfahrung stehen.

Grippe und Bauchweh

Ich habe mich oft gefragt, welchen Sinn die kurzen vorübergehenden Krankheiten haben, die so nach ein paar Tagen wieder vorbei sind.

Da gibt es ja eigentlich keine Negativ-Spirale. Sie kommen und gehen, egal, was man macht und wie man sich verhält. Man kann sich darum kümmern oder es einfach bleiben lassen, es scheint alles nichts daran zu ändern, dass sie eben kommen und gehen, wie sie wollen.

2 Beispiele: Grippe und Magenverstimmungen

In meiner Sichtweise stehen die Erfahrungen im Vordergrund und nicht die exakten organischen Ursachen. Es spielt also keine Rolle, ob ich das nun wissenschaftlich exakt benenne.

Bis vor ein paar Jahren hatte ich regelmäßig Magenverstimmungen, mindestens 1-2 Mal im Jahr. (Seit ein paar Jahren aber gar nicht mehr.) Und dabei geschah immer folgendes:

Es ging mir schlecht. (Das war jetzt sicher keine Überraschung.) Allerdings ging es mir nicht irgendwie schlecht. Sondern dieses Schlechtsein war eine absolut extrem krasse Überzeichnung eines Schlechtseins, das ich auch aus bestimmten Alltagssituationen kannte:

Nämlich dann, wenn ich mich total überfressen hatte. Mit mehreren großen Hamburgern oder auf einem Grillfest mit Salat und Unmengen Würstchen oder irgendetwas in der Art.

In diesen Magenverstimmungen nun wurde genau jenes Gefühl ins absolute Extrem verstärkt. Und nicht nur jenes Gefühl wurde verstärkt, sondern genau jene Situationen kehrten als Erinnerung zurück und es wurde mir davon nur noch schlechter. Und ich dachte: "Lieber Gott, mach dass es aufhört, ich will auch niemals wieder zu viel essen."

Nun ist es so, dass man normalerweise dazu neigt, während einer Krankheit die Symptome irgendwie wegzudrücken, zu unterdrücken oder sich dagegen zu stemmen.

Ich möchte hier aber zum praktischen Ausprobieren das genaue Gegenteil dessen vorschlagen: Die inneren Widerstände gegen die Krankheit in ihren Erscheinungen soweit es geht und wenn möglich sogar komplett aufzugeben. Das intensiviert die Krankheitsempfindungen.

Meiner Erfahrung nach aber beschleunigt sich dadurch der Heilungsprozess. Man lässt sich sozusagen in die Krankheit hineinfallen und der Körper kann dadurch seine Arbeit tun und die Heilung viel schneller ablaufen lassen.

Meiner Überzeugung nach repräsentieren Schmerzen und andere unangenehme Krankheitsempfindungen den Heilungsprozess des Körpers.

Bzw. haben sie eine Doppelfunktion: Auf der anderen Seite stellen sie nämlich auch gleichzeitig die Erfahrung dar, um die es eigentlich geht:

Sie verstärken bestimmte Erfahrungen ins absolute Extrem, die im Alltag normalerweise wegignoriert, unterdrückt und überspielt werden. In der Krankheit können sie nun nicht mehr ignoriert werden. Sie kommen mit solcher Intensität, dass sie wahrgenommen werden *müssen*.

Indem man sich den Krankheitserscheinungen öffnet
- öffnet man sich gleichzeitig einer Erfahrung, was zu Klärungsprozessen führt
- und man beschleunigt den Heilungsprozess des Körpers bzw. hört auf ihn zu blockieren

Beides gehört natürlich unmittelbar zusammen: Erkenntnis und Heilung. Das eine ist die Kehrseite des anderen.

Gut, aber was nützt mir das mit meinem Hang zu kleinen Fressorgien?

Ich kann mir in der Krankheit vornehmen, nicht mehr so viel auf einmal zu essen und dann beginnt die übliche Problem-Spirale: Ich nehme es mir vor, es klappt nicht, schlechtes Gewissen usw.

Auf ein Grillfest zu kommen, mit leckerstem Kartoffelsalat und zarten gegrillten Hähnchenfilets konfrontiert zu werden und sich dann nicht zu überfressen, das ist für ein Ego wie meins eine absolut unlösbare Aufgabe. Daran kann man sich Jahrzehnte lang die Zähne ausbeißen oder es auch gleich bleiben lassen.

Man muss sich klarmachen, dass Phänomene wie mein Überfressen Ursachen haben. Man nimmt auf Ego-Ebene zwar an, man sollte das kontrollieren, aber es geht nicht. Das ist kein Versagen. Es ist ganz einfach kein Lösungsweg das auf dieser Ebene abstellen zu wollen.

Die Lösung besteht darin, sich der Erfahrung zu öffnen, wann immer sie auftritt: ob in der Krankheit oder tatsächlich nach dem Essen.

Und dann stellt man schrittweise - so wie es eben geht - die Reaktionen auf die Erfahrung ein: schlechtes Gewissen, Selbstvorwürfe, gute Vorsätze usw. Man stellt sie nach und nach ganz komplett ein, bis absolut keine mehr übrig ist.

Man zieht sämtliche Blockaden und inneren Widerstände aus diesem ganzen Prozess und lässt ihn einfach ablaufen: überfressen und schlecht sein, überfressen und schlecht sein, ...

Dabei öffnet man sich der Erfahrung des Schlechtseins.

Das ist so ungewohnt. "Das ist doch nicht in Ordnung, was da läuft und man soll es einfach laufen lassen?" Ja genau. Solange bis es entweder von alleine verschwindet oder sich echte Möglichkeiten zeigen, bei denen man nicht gegen sich selbst kämpfen muss.

Die Erfahrung aktiviert die Lösungskompetenz des inneren Selbst für dieses Problem.

Nun zu Grippekrankheiten. Sie sind ein ganz besonders interessantes Phänomen, weil sie wirklich den Kern gegenwärtiger menschlicher Existenz betreffen.

Man kommt dahinter, wenn man auch hier dem Ratschlag folgt, sich den Krankheitserscheinungen zu öffnen und sie gleichzeitig nicht zu blockieren bzw. innere Widerstände dagegen aufzugeben.

Wie fühlt man sich in einer Grippe, wenn man diese Erfahrung wirklich ins Bewusstsein lässt?

Es ist extrem unangenehm. Man kann sich nicht ablenken oder unterhalten. Die Sekunden werden zu Stunden. Es ist ein als extrem unangenehm empfundenes Sein.

Es ist die extreme Verstärkung der ungeschminkten emotionalen Alltagsrealität, wie man sie ohne Aufputscher, Ablenker, Unterhaltung und Geschäftigkeit erlebt.

Es ist die Alltagsrealität, die normalerweise zur Sucht führt. Es ist die Alltagsrealität, die sonst nahezu lückenlos verdrängt wird.

Bei mir gibt es in Grippezeiten vor allem eine typische Reaktion:

"Ich bin mir gar nicht bewusst, wie gut es mir sonst geht. Ich meckere immer nur herum. Ich genieße mein Leben nicht. Ich muss mehr den Moment genießen und mehr zufrieden sein."

Und wenn die Grippe weg ist, ist alles wieder vergessen und ich bin wieder mit meinen Problemen beschäftigt. Es wäre auch völlig sinnlos, etwas anderes durchziehen zu wollen, weil das nicht die Lösung ist. Aber davon war ja schon ausführlich die Rede.

Sucht

Sucht basiert auf körperlichen oder geistigen Freuden, die sich jederzeit leicht erreichen und verwirklichen lassen.

Beispiele sind Rauchen, Trinken, Fernsehen, Drogen, Beziehungen, Sex, Essen, Naschen, Glücksspiel, Musik hören, Telefonieren, Ausgehen.

Es lassen sich 3 Gruppen unterscheiden: reine Ersatzbefriedigungen, Unterhaltung und Genuss

Die reinen Ersatzbefriedigungen würde man ohne einen Suchthintergrund gar nicht in Anspruch nehmen, z.B. Drogen und Rauchen.

Unterhaltung und Genuss dagegen haben im Leben des Menschen selbstverständlich ihren Platz und ihre Berechtigung.

Da sie aber jederzeit leicht zu verwirklichen sind, werden sie dazu missbraucht, einen anderweitig verursachten Mangel an Erfüllung und Befriedigung auszugleichen.

In der Folge werden sie überstrapaziert, was dazu führt, dass sie eigentlich nicht mehr wirklich erfüllend sind.

Das ist ein gutes Mittel, um Suchterscheinungen von echter Unterhaltung und echtem Genuss zu unterscheiden:

Man nimmt in Kauf, dass die eigentlich gewünschte Qualität nicht in dem Maße erreichbar ist, in dem man es in Anspruch nehmen möchte: Es gibt keinen wirklichen Genuss, keine wirkliche Unterhaltung und nicht die gewünschte Qualität. Der eigentlich erhoffte Effekt ist wenn überhaupt nur sehr gering vorhanden.

Aber es erfüllt immerhin einen anderen Zweck: Es verdrängt für einen Moment Unerfülltheit, Unzufriedenheit, Langeweile, Sinnlosigkeit und eine Menge anderer unangenehmer Erscheinungen.

Und das genau ist auch die Kehrseite von Sucht: die verdrängten Gefühle und Situationen.

Die Ziele hinter einem Suchtverhalten lassen sich in die folgenden beiden Gruppen einteilen:

- das Erreichen und Aufrechterhalten eines gewissen Befriedigungsniveaus
- die Abschottung von Gefühlen und Situationen, die ohne das Suchtmittel nach oben drängen würden und die als unangenehm empfunden werden.

Die erste Gruppe enthält Verhaltensweisen, die für sich gesehen recht kurz sein können, die aber in ihrer Folgewirkung ein Ansteigen von Zufriedenheit bewirken, das länger fortbesteht als die Handlung an sich. Hier zählt z.B. das Essen dazu.

Die zweite Gruppe enthält Verhaltensweisen, die möglichst lückenlos über längere Zeiträume Aufmerksamkeit binden. Hier zählt z.B. das Fernsehen dazu. Aber abgesehen von den konkreten oben genannten Verhaltensweisen dient diesem Ziel auch ein lückenlos mit Beschäftigung vollgestopfter Tagesablauf.

Wenn man versucht, von einer Sucht loszukommen, dann ist man meistens auf das Beenden der Suchthandlung konzentriert. Das funktioniert nicht besonders gut.

Man wende seine Aufmerksamkeit der Kehrseite zu: dem was erscheint, wenn die Suchthandlung ausgesetzt wird. Das ist natürlich genau das, was man eigentlich nicht haben will, aber:

Genau hier liegt der Schlüssel zu Lösungen, zu Erfüllung und Erfolg.

Zunächst sind da aber diese schrecklich unangenehmen Gefühle und Situationen:

Man betrachte sie wie ein neues unbekanntes Territorium, das es zu erforschen und zu erschließen gilt.

Jeder kleine Schritt, den man in dieses Territorium tut, zahlt sich aus und hat einen dauerhaften Effekt.

Mit dem Beenden von Suchterscheinungen wird häufig die Vorstellung verbunden, mit einem Schlag ganz aufzuhören.

Ich schlage eine andere Strategie vor:

Man unternehme immer wieder kleine Schritte in dieses Territorium von Gefühlen und Situationen. Man traue sich hinein, so weit und so lange man kann. Das heißt man setzt die Suchthandlung vorübergehend aus. Man stellt sich der Situation und den Gefühlen. Und vor allem: Man öffnet sich dafür. Man lässt die Gefühle hochkommen, die hochkommen wollen, sobald das Suchtverhalten ausgesetzt wird. Man lässt die Gefühle ganz da sein - solange das eben gerade möglich ist.

Wenn es nicht mehr geht, hat man ja immer noch das Suchtmittel.

Das Ganze wird sich aber summieren und eines Tages stellt man voller Überraschung fest, dass man das Suchtmittel eigentlich nicht mehr braucht. Ganz damit Aufhören ist dann leicht möglich.

Man kann nicht beliebige Suchterscheinungen einfach so eine nach der anderen beenden ohne eine andere Entwicklung in Gang zu setzen:

Die Erfüllung der eigenen Träume, Wünsche und Visionen. Das eigene Glück in die Hand nehmen. Sich auf den Weg machen, das zu verwirklichen, was man sich eigentlich, wirklich und am meisten wünscht - was man mit seinem Leben anfangen würde, wenn man denn könnte, wie man wollte.

Die Psyche verträgt nur ein bestimmtes Maß an Unerfülltsein - anderenfalls sucht sie neue Ersatzbefriedigungen und ehe man es sich versieht, hat eine neue Sucht die alte ersetzt.

Umgekehrt habe ich mich oft gefragt: Kann man nicht erst in seinem Leben Glück und Erfolg verwirklichen und dann - wenn es keinen

Grund mehr für all die unangenehmen Situationen und Gefühle gibt - dann beendet man die ganzen Suchterscheinungen?

Und auch das funktioniert nicht. Denn die Erkenntnis aus der Auseinandersetzung mit diesen ganzen doofen Gefühlen ist ein grundlegender Baustein auf dem Weg zu echter Erfüllung. In diesen Gefühlen und Momenten liegen die konkreten Lösungen, die man braucht, damit es auch klappt mit der Verwirklichung der eigenen Träume.

Es sind zwei ineinandergreifende gegenläufige Prozesse:

1. Das schrittweise Beenden von immer mehr Suchterscheinungen

und

2. Das Verwirklichen der eigenen Träume, Visionen und Wünsche

Viele Suchterscheinungen sind gleichzeitig begleitet von inneren Widerständen dagegen:

Man weiß, dass man das nicht will oder dass es irgendwie nicht gut ist und möchte eigentlich damit aufhören und man versucht das vielleicht auch.

Da ist auf der einen Seite der Drang zum Suchtmittel und auf der anderen Seite der Widerstand dagegen. Das erzeugt eine völlig blockierte Situation.

Ich schlage vor, die Widerstände schrittweise aufzugeben. Vielfach sind die Vorstellungen hinter den Widerständen vollkommen übertrieben. Man wird feststellen, dass es auch eine Sättigung mit dem Suchtmittel gibt. Es ist nicht so, dass dann gleich alles außer Kontrolle gerät, wenn man die inneren Widerstände gegen die Sucht aufgibt.

Aber das Suchtverhalten verstärkt sich natürlich. Und das ruft gleichzeitig bestimmte Gefühle nach oben. Das ist die Krise, von der schon die Rede war.

Die inneren Widerstände gegen ein Suchtverhalten aufzugeben, verschärft die Krise. Sich den damit verbundenen Gefühlen zu öffnen und zu stellen ist ein wichtiger Bestandteil des Lösungsprozesses von einer Sucht.

Es gibt Suchterscheinungen, die lösen sich sogar direkt auf, nachdem man einmal die inneren Widerstände dagegen komplett aufgegeben hat.

Man hat es auch hier mit 2 Gefühlssträngen zu tun (wie so oft in diesen Prozessen):

- Die Gefühle, die durch das Suchtverhalten ausgelöst werden. Es sind die mit der Krise verbundenen Gefühle.
- Und die Gefühle, vor denen das Suchtverhalten bewahren soll. Es sind die mit der Transformation verbundenen Gefühle. Es sind die Gefühle, denen man begegnet, wenn das Suchtverhalten ausgesetzt wird.

Klimawandel, Klimakatastrophe, Umweltzerstörung

Was ist das eigentlich für eine Erfahrung?

"Der Mensch zerstört die Erde."

Wie fühlt sich das an, wenn man einer von denen ist, die die Erde zerstören?

Nicht sehr gut, würde ich sagen.

Müssen wir also endlich mal zur Besinnung kommen, uns endlich mal bessern und dann noch mehr anstrengen?

Das meinen wohl manche. Es ist aber keine Lösung. Vielmehr wird auf diese Weise genau das Gegenteil dessen erreicht, was man eigentlich erreichen zu wollen vorgibt.

Das Fatale an der gegenwärtig verbreiteten Weltsicht ist ja, dass je mehr sich eine Idee in einer Erfahrung zu verwirklichen beginnt, um so verzweifeltere und absurdere Anstrengungen unternommen werden, die Symptome wegzumachen.

Und genau das Gegenteil wäre richtig: Den übertriebenen Aktionismus zu stoppen, sich den Erfahrungen und vor allem den damit verbundenen Gefühlen zu stellen und sich über die eigentlichen Ursachen klarzuwerden.

Schauen wir uns die Hintergründe an:

"Der Mensch zerstört die Erde."

Das ist die Erfahrung. Es ist eine niederschmetternde Erfahrung. Wir sind hier am Kern eines menschlichen Selbstverständnisses, das von Minderwertigkeitskomplexen und negativen Annahmen geprägt ist:

"Der Mensch der Störenfried"

"Der Mensch der Zerstörer"

"Der Mensch, der nicht verdient, was ihm gegeben ist"

"Der Mensch, der nie genug bekommen kann"

"Der Mensch, der schon sehen wird, wo er mit seinem miesen Verhalten landet"

Die übrige Natur in einem glücklichen Einklang mit sich selbst und dann kommt der Mensch und macht alles kaputt.

Was wäre die Alternative?

Jede echte Lösung muss an der Wurzel des Problems ansetzen: dem menschlichen Selbstverständnis.

Wie wäre folgende Sichtweise?

Der Mensch als willkommener Teil dieser Erde und der Natur.

Der Mensch als würdiger Bewohner dieser Erde.

Der Mensch als ein Wesen, von dem diese Erde, die Natur und das Universum in hohem Maße profitieren.

Der Mensch als ein Wesen, das seine Sache gut macht.

Der Mensch als ein Wesen, das erfolgreich ist.

Der Mensch als ein Wesen, das geschätzt wird.

Der Mensch als ein Wesen mit guten Absichten.

Der Mensch als ein Wesen mit guten Aussichten.

"Aber das stimmt doch nicht! Was soll diese Augenwischerei, wenn die Erde am Abgrund schwebt?"

OK. Schauen wir uns also an, was tatsächlich passiert ist und wie es dazu kam:

Irgendwann im Rahmen der Industrialisierung stellte der Mensch fest, dass Wälder in bestimmten Landstrichen sterben und die Ursache dafür lag schnell auf der Hand: Die schlechte Luft durch Abgase. (Das ist nur ein Beispiel, um das Prinzip zu verdeutlichen. Es ist egal, was als konkreter Auslöser angesehen wird.)

Wie der Mensch mit seinem aktuellen Selbstverständnis damit umgeht, wissen wir. Schauen wir uns jetzt an, wie eine Menschheit mit Selbstbewusstsein und positivem Selbstverständnis damit umgehen würde.

Wäre einer Menschheit mit Selbstbewusstsein und positivem Selbstverständnis so etwas gar nicht erst passiert?

Doch das wäre es. Es wäre ganz genauso passiert. Es ist in Entwicklungsprozessen vollkommen normal, dass Fehler und Fehlentwicklungen vorkommen und Korrekturen notwendig werden. Aber der entscheidende Unterschied ist, wie man damit umgeht.

Wie also würde eine Menschheit mit positivem Selbstverständnis darauf reagieren?

Sie würde es wahrnehmen und hinschauen. Sie würde sich auch dafür öffnen - für alles was an Gefühlen und Erfahrungen damit verbunden ist. Sie wüsste, dass Korrekturen notwendig werden - sie wüsste aber auch, dass sie diese Korrekturen selbstverständlich vornehmen wird, so wie sich die Möglichkeiten dazu zeigen. Sie wüsste, dass sie zu diesen Korrekturen in der Lage ist und es würde nicht den Hauch eines Zweifels geben, dass die beobachteten Phänomene zwar gewisse Kurswechsel erforderlich machen, dass sie aber Teil eines insgesamt positiven und erfolgreichen Entwicklungsprozesses sind.

In der Folge würden sich zunehmend Möglichkeiten zeigen, Schadstoffausstoß und andere Umweltbelastungen zu reduzieren und sie würden wahrgenommen. Die fortschreitende Technologie würde zunehmend mehr Möglichkeiten bieten. Es gäbe ein wohlwollendes Zusammenwirken. Man würde sich die Erfolge der Entwicklungen anschauen und sich darüber freuen. Man wäre stolz darauf, wie man auch dieses Problem gemeistert hat.

Eine Fiktion? Nein. Es ist der ganz normale Prozess, wie er sich ohne jede Anstrengung ergibt, wenn er nicht massiv gestört wird.

Das ist die eigentliche Ursache: Ein menschliches Selbstverständnis, das nicht der Wahrheit entspricht. Und dann geschieht folgendes:

Die Symptome wie Waldsterben treffen auf eben jenes negative Selbstverständnis und ... bestätigen es. Was normalerweise einen positiven Korrekturprozess mit positivem Ausgang anstoßen würde, bestätigt das negative Selbstverständnis und führt dazu, dass man darum zu kämpfen beginnt, dieses negative Selbstverständnis zu korrigieren.

Denn das darf ja nicht sein. Es ist zwar so, aber es darf nicht so sein. Also muss man sich anstrengen und immer noch mehr anstrengen. Und je mehr man sich anstrengt, um so aussichtsloser wird alles.

Warum das so ist, darüber hatten wir schon gesprochen: Es gibt einen Unterschied zwischen verwirklichter Erfahrung und der Wahrheit: Eine bestimmte Erfahrung verwirklicht sich, indem Energie in eine bestimmte Idee investiert wird. Aber es ist nicht die Wahrheit. Indem aufgehört wird, auf die Idee zu reagieren zeigt sie sich wieder, die Wahrheit - einfach so.

Der Mensch ist ein wertvolles, geschätztes, fähiges und erfolgreiches Wesen mit einer positiven Zukunft. Das ist einfach so. Auch dass man etwas anderes glaubt, ändert daran nichts. Es ist einfach so. Dafür muss man nichts tun, weil es schon so ist. Es war so. Es ist so und es wird niemals anders sein. Egal was der Mensch glaubt, tut und erfährt. Es ist auch keine Theorie. Es ist die praktische Wahrheit in absolut jedem Moment.

Dass man vorübergehend etwas anderes *erfährt* ändert nicht das Geringste an dieser Wahrheit. Die Erfahrung zeigt lediglich, dass auf bestimmte Ideen handelnd reagiert wurde - die aber nicht stimmen. Die emotionale Qualität der Erfahrung weist den Menschen überdeutlich darauf hin, dass die Ideen nicht stimmen. Das heißt, eigentlich tut sie das. Sie wird aber im Rahmen einer materiellen Weltsicht vollkommen missverstanden.

Das ist der Punkt, den zu verstehen sich wirklich, wirklich lohnt: Dass eine negative Erfahrung nicht die Wahrheit ist, sondern nur eine verwirklichte Idee die verschwindet, sobald man aufhört, auf die Idee handelnd zu reagieren. Es ist gleichzeitig ein Punkt, der im Rahmen einer materiellen Weltsicht nicht fassbar ist, sondern nur wenn man bereit ist, darüber hinaus zu gehen.

Ich weiß - ich wiederhole mich. Vielleicht stelle ich am Ende fest, dass ich ein Buch geschrieben habe, in dem in jedem Kapitel das Gleiche in anderen Worten steht. Aber es schadet nicht, wenn es dieser Zusammenhang ist. Ihn zu verstehen ändert ganz einfach alles. Und das ist aber ein schrittweiser Prozess, der sich auf den verschiedenen Ebenen der Entwicklung und in den verschiedenen Lebensbereichen immer aufs Neue wiederholt.

Was man in den gegenwärtigen Umweltbemühungen erlebt, ist, wie ein Prozess einen anderen übernommen hat:

Was ursprünglich eine kleine, selbstverständliche Kurskorrektur im Rahmen der technologischen Entwicklung war, ist eben auf jenes negative Selbstverständnis getroffen und hat einen ganz anderen Prozess in Gang gesetzt: Das Ringen darum sich zu bessern, wo gar keine Besserung nötig ist.

Gut. Das sagt sich so leicht. Wir haben aber ein praktisches Problem:

Damit aufhören ist leichter gesagt als getan.

Man kann nicht ad hoc ändern, dass der Mensch eben jenes negative Selbstverständnis empfindet und auch als Wahrheit empfindet. Man kann nicht machen, dass er sich von heute auf morgen geschätzt, willkommen und erfolgreich fühlt.

Aber was man machen kann: Man kann aufhören, auf diese Gefühle und Erfahrungen zu reagieren. Man kann das hilflose Ringen einstellen.

Mann kann aufhören:
- Negativmeldungen zu verbreiten
- Horrorszenarien auszumalen, damit die Menschen endlich zur Besinnung kommen
- die Menschheit ständig zu ermahnen und zu erinnern, was für große Probleme sie hat
- auf Dinge zu verzichten, die Lebensfreude und Willen einschränken

Man kann anfangen:
- die erreichten Erfolge zu sehen und zu schätzen
- der Entwicklung zu vertrauen
- eine positive Entwicklung vorauszusetzen
- sein Menschenbild zu überprüfen
- sich klarzumachen, dass die Entwicklung bereits auf einem guten Weg ist

Nun ist das ja nicht unbedingt einfach. Man muss nur mal probieren innerlich vor sich hin zu sagen "Es läuft doch gut. Wir sind auf einem guten Weg und werden es schaffen. Wir haben schon viel erreicht. Wir können stolz auf uns sein."

Dann meldet es sich sofort: "Aber das stimmt doch alles nicht! Wenn wir es einfach so laufen lassen, dann geht doch alles den Bach herunter."

Gut. Also was willst du unternehmen?

Und dann kommt man wieder auf all das, was wir schon bis zum Erbrechen kennen.

Es ist die immer gleiche Mühle.

Sie beruht auf einen Haufen falscher Ansichten über den Menschen und die Welt:

"Der Mensch entwickelt sich nicht, wenn man ihn nicht zwingt."

"Man muss dem Menschen sein falsches Verhalten auf drastische Weise vor Augen führen."

"Ohne Druck passiert gar nichts."

Und ganz im Kern diese Grundidee der materiellen Weltsicht:

"Wahr ist, was sich als Erfahrung zeigt. Deshalb müssen wir uns ganz doll anstrengen, die Erfahrung wegzumachen."

Man kommt diesen Problemen nicht bei, ohne die Ideen der eigenen Weltsicht einer ernsthaften Prüfung zu unterziehen.

So viele Jahre erfolglosen Ringens, das reicht doch eigentlich, oder nicht?

"Aber es ist doch so! Also müssen wir etwas tun!" Das ist die Überzeugungskraft des materiellen Anscheins. Sie beginnt sich zu lösen, indem man aufhört, auf die Erfahrung zu reagieren und sich stattdessen öffnet.

Für das, was an Maßnahmen und Korrekturen wirklich nötig ist, werden sich Möglichkeiten zeigen. Möglichkeiten erfordern nicht, dass man sich dabei in seinem Willen und seiner Lebensfreude einschränken lässt. Und sie fordern auch nicht, dass der Mensch seinen Kompetenzbereich überschreitet, indem er korrigierend ins Klima einzugreifen beginnt.

Aber der Mensch hat auch schon viel erreicht. Das ist doch eine Tatsache!

Irrtümer und Irrwege auflösen

In den folgenden Kapiteln möchte ich eine Reihe von Irrtümern und Irrwegen auflösen, die mir auf meiner Reise durch die verschiedensten geistigen Richtungen und Systeme begegnet sind.

Esoterischer Anspruch

Nachdem ich mich sehr ernsthaft auf die Suche begeben hatte, um Antworten auf eine Reihe von Fragen zu finden, war die erste Hälfte des Weges vor allem dadurch bestimmt, dass ich versuchte, mich in bestimmte äußere Idealvorstellungen hineinzuentwickeln.

Das ist das Gegenteil einer Entwicklung, die zu sich selbst führt, die einen Menschen immer mehr das sein lässt, was er ist: individuell, einmalig, originell, von der Norm abweichend.

Durch diese äußeren Ideale wurde *die Entfremdung von sich selbst* auf eine absolute Spitze getrieben. Es sind natürlich auch genau jene Irrwege, die - wenn sie konsequent gegangen werden - zur Erkenntnis führen. In diesem Fall ist es die Erkenntnis, dass es für einen Menschen vor allem eine sinnvolle Entwicklungsrichtung gibt:

immer mehr man selbst zu sein

Heute bezeichne ich diese falschen Ideale als *esoterischen Anspruch*.

Beispiele für esoterischen Anspruch:

- Lebe mehr im Jetzt
- Lerne, dich an den kleinen Dingen des Alltags zu erfreuen
- Sei zufrieden mit dem, was du hast
- Du darfst nicht nur auf das schauen, was du nicht hast
- Du musst lernen, bedingungslos zu lieben
- Mach dich frei von allen materiellen Wünschen

Falsche Ideale sind es deswegen, weil sie dazu verleiten, anders zu sein, als man ist. Wenn der Verstand massiv aus dem Jetzt wegstrebt, dann gibt es dafür Gründe. Ein Mensch lebt ganz selbstverständlich und ohne jede Anstrengung und ohne überhaupt über diesen Punkt nachzudenken im Jetzt, wenn die Gründe wegfallen.

Die Entwicklung konzentriert sich hier auf Phänomene, die eigentlich die selbstverständliche Folge einer anderen Entwicklung sind:

Seine Probleme wirklich zu lösen und seine Träume zu verwirklichen: Wenn das zunehmend gegeben ist, dann rotiert der Verstand nicht mehr so. Er rotiert ja nicht deswegen so, weil man sich zu blöd anstellt, sondern der Verstand rotiert, weil er bestimmte Probleme nicht gelöst bekommt - die mit den Ideen, die als wahr angenommen werden, nicht lösbar sind.

Positives Denken

Auf einer sehr abstrakten Ebene gibt es in allen Lehren und Konzeptsystemen, welche sich mit der Entwicklung, Veränderung und Transformation des Menschen befassen ein Thema, welches ich *die Wahl der richtigen Manipulationspunkte* nenne.

Die menschliche Psyche ist ein komplexes System mit komplexen Abhängigkeiten. Da gibt es Abläufe, in die man nicht einfach so eingreifen kann und wo das auch nicht sinnvoll wäre.

Es ist ja zum Beispiel einer der Irrtümer einer materiellen Weltsicht, einfach in die Erfahrung korrigierend und blockierend einzugreifen.

Die richtigen Manipulationspunkte sind nun die Stellen im Gesamtgefüge der Psyche, an denen wirksame Eingriffe und Änderungen möglich und sinnvoll sind, um Veränderungen in der Erfahrung zu erzielen.

Verschiedene Lehren und Konzeptsysteme unterscheiden sich grundlegend dadurch, wo diese Punkte gesehen werden.

Es gibt eine Reihe von Lehren, welche die Meinung vertreten, jegliches Eingreifen ganz zu beenden und nur noch ablaufen zu lassen. Das ist die Entmachtung des Egos.

Das Eingreifen bezieht sich hier immer auf die Ego-Ebene. Die Ego-Ebene tut etwas und das Gesamtgefüge der Psyche inklusive innerem Selbst kommt damit klar oder nicht.

Die Lehren im Umfeld des positiven Denkens sehen die Manipulationspunkte in der Verknüpfung von Gedanken und Gefühlen.

Man erzeugt positive Gedanken und das führt zu positiven Gefühlen.

Das eigentliche Ziel ist natürlich, damit auch das Verhalten zu beeinflussen.

Bei positivem Denken bleibt die Kopplung von emotionaler Situation und Verhalten bestehen. Die Änderung des Verhaltens erfolgt über ein künstlich erzeugtes Denken, das wiederum eine emotionale Situation erzeugt, in der ein gewünschtes Handeln ablaufen kann.

Ich persönlich sehe Gedankenstrom und Gefühle ganz klar als Teile der Erfahrung und als solches nicht manipulierbar. Es ist eher die Frage, wie man mit ihnen umgeht, wie man auf sie reagiert.

Die Manipulationspunkte aus meiner Sicht sind:

- Entscheidungen über das Glaubenssystem, bestimmte Ideen für wahr zu halten oder nicht
- das Verhalten an bestimmten Punkten, an denen man über das Verhalten entscheiden kann (Die Entkopplung des Verhaltens von der Situation). Aber NICHT das spontane Verhalten und nicht das Verhalten, das Teil einer Erfahrung ist.
- die Öffnung für Erfahrung, das Zulassen von Gefühlen
- die Aufmerksamkeit, falls sie nicht durch starke emotionale Reaktionen gebunden ist oder in spontanen Handlungsprozessen durch das innere Selbst gelenkt wird

Natürlich ist nicht jede Änderung zu beliebiger Zeit möglich, sondern das Ganze geschieht im Rahmen eines Entwicklungsprozesses, in dem die relevanten Entwicklungsbereiche jeweils auftauchen.

Klar ist, dass das Ego mit jeglichen Kontrollversuchen des Geschehens immer ganz schnell überfordert ist. Bei der Frage der richtigen Manipulationspunkte geht es auch überhaupt nicht um die Kontrolle des natürlichen Flusses des Geschehens. Sondern es geht darum, an bestimmten Punkten ganz gezielt und wirkungsvoll Änderungen zu erreichen.

Du kannst nichts tun

"Du kannst nichts tun" ist ein in bestimmten esoterischen Kreisen verbreiteter Slogan, der auf der Erkenntnis beruht, dass das Ego nicht die Art von direkter Kontrolle über die Geschehnisse ausübt, die es sich normalerweise zuschreibt.

Wenn man das erkennt, dass da Geschehnisse ablaufen, die man gar nicht auf die Weise steuern kann, auf die man sie immer zu steuern versucht hat, dann kommt der Schluss: "Du kannst nichts tun."

Es stimmt aber nicht. Denn das Ego hat sehr mächtige Möglichkeiten. Sie liegen nur auf einer anderen Ebene:

- Zunächst glaubt das Ego, es könne Erfahrung ganz unmittelbar in ihrer Entstehung und Entwicklung kontrollieren und steuern. Das führt zu vielen Konflikten.

- Andererseits hat das Ego dort, wo die Erfahrung tatsächlich entsteht, sehr weitreichende Möglichkeiten. Und nicht nur einfach Möglichkeiten, sondern die Gesamtpersönlichkeit ist hier geradezu auf die Funktion des Egos angewiesen.

Das Ego nimmt sich also in einer Form von Einflussnahme zurück, um harmonischer im natürlichen Fluss des Geschehens mitzugehen, um aber dafür in anderen Bereichen wirkungsvoll aktiv zu werden: zum Beispiel bei bestimmten Verhaltensänderungen, im Prozess der Öffnung und bei Entscheidungen über das Glaubenssystem.

Mit "Du kannst nichts tun" erreicht man vor allem eins: Man schlittert mitten in eine saftige Depression hinein.

Das Ego muss sterben!

Diese sehr drastische Forderung steht für die verbreitete Diskreditierung von Ego und Verstand über zahlreiche Weisheitslehren hinweg.

Den Verstand trifft es wegen seiner engen Verknüpfung mit dem Ego gleich mit.

Das Ego wird für Fehlfunktionen verantwortlich gemacht, die tatsächlich aber nicht durch das Ego entstehen.

Ja, es stimmt: Das Ego maßt sich Aufgaben an, die nicht seine sind. Aber warum tut es das?

Wegen eines Glaubenssystems, das nicht mit der Realität übereinstimmt. Mit besseren Annahmen kann das Ego sehr nützlich sein.

Und warum *plappert* der Verstand so viel, wie es immer so schön heißt? Hat das etwas mit dem Verstand an sich zu tun? Ganz sicher nicht. Es hat etwas mit den Ideen zu tun, die sein Besitzer in den Verstand hineingeladen hat.

Ego und Verstand für ihre ineffiziente Funktion unter falschen Ideen verantwortlich zu machen, ist auch ein ziemlich feiges Drücken vor der eigenen Verantwortung. Es versteckt sich der hinter seinem Ego und seinem Verstand, der eigentlich dafür verantwortlich ist, was da abläuft.

Das Ego dafür verantwortlich zu machen, dass es die falschen Sachen tun will und den Verstand dafür, dass er nicht zur Ruhe kommt, um sie dann loszuwerden, ist ungefähr so, als würde man einen Computer wegwerfen, nur weil eines seiner Anwendungsprogramme ein paar Fehler hat.

Das wäre wohl ein ziemlicher Quatsch. Aber es ist noch gar nichts gegen die Annahme "Das Ego muss sterben."

Es ist ja so, dass die Diskreditierung von Ego und Verstand tatsächlich zu Bewusstseinserweiterungen (Erleuchtung) führen kann. Es sind dies aber Bewusstseinserweiterungen, denen die Verknüpfung zur materiellen Welt verlorengegangen ist. Das ist nämlich die Funktion des Egos: Es hat eine Mittlerfunktion zwischen innerem Selbst und materieller Welt. Wenn man zu Bewusstseinserweiterungen kommt aufgrund einer weitgehenden Entmachtung des Egos, dann kann man die Erkenntnis aus der Bewusstseinserweiterung nicht in materielle Wirkungen übersetzen. Dann ist man zwar erleuchtet, kann aber beispielsweise nicht vernünftig für seinen Lebensunterhalt sorgen.

Das Wünschen aufgeben

"Die Wünsche sind das Problem! Ein Mensch leidet nur, weil er Wünsche hat. Also: Gib Deine Wünsche auf und Du bist glücklich."

Mein tiefstes Mitgefühl für alle, die je auf so etwas hereingefallen sind.

Ich nenne Schlussfolgerungen dieser Art *Das Kind mit dem Bade ausschütten*.

Klar ist: Wünsche zu haben, die man für nicht erfüllbar hält, führt zu Leiden.

Da scheint die Schlussfolgerung nahe zu liegen, die Wünsche einfach aufzugeben.

Aber ebenso klar ist, dass es noch eine Lösung gibt: Zu lernen, wie sich Wünsche erfüllen lassen.

Es gibt in den Weisheitslehren den Begriff der Vasanas. Die Vasanas sind das, was an einem Menschen ständig zerrt und zieht. Was ihn ununterbrochen aus dem Moment der Gegenwart heraustreibt.

Für die Vasanas gibt es zwei Kategorien von Ursachen:

1. ungelöste Probleme

2. unerfüllte Wünsche

Viele Weisheitslehren kennen nur den einen Strang der Entwicklung:

Das Handeln einstellen, wo man aus dem Irrtum heraus handelt, man müsste etwas tun.

Wenn man nur dem einen Entwicklungsstrang folgt, dann wird man auch nur die eine Hälfte der Vasanas los: Nämlich die durch die Probleme verursachten. Die durch unerfüllte Wünsche verursachten Vasanas wird man so nicht los. Also wird geschlussfolgert "Die Wünsche müssen weg"

Dieser Entwicklungsstrang ist eng verbunden mit Meditation.

Es ist dies im Übrigen eine falsch verstandene Meditation. Denn sie tötet nicht nur die Vasanas, sondern auch die spontanen Handlungsimpulse. Das sind aber 2 ganz verschiedene Dinge, die man mit der Zeit unterscheiden lernt. Vasanas sind, was einen Menschen zum Handeln treibt. Spontane Handlungsimpulse sind ein freudig von innen gewolltes Handeln.

Aber was eben viele Weisheitslehren nicht kennen, ist der zweite Entwicklungsstrang:

Das Handeln entsprechend Willen und Wünschen dort beginnen, wo es durch einschränkende Ideen unterbrochen wurde. Der Schlüssel dazu ist das, was ich *das Handeln der 3. Art* nenne

Die einseitige Sichtweise, nur das Handeln einzustellen, ist eng verbunden mit der irrtümlichen Abwertung des Egos. Sie führt dazu, dass zwar die falschen Aktivitäten des Egos eingestellt werden, dass aber nicht mit dem begonnen wird, was die eigentlichen Aufgaben des Egos wären.

Mach dich frei von allem Materiellen

Auch das ist eine sehr beliebte esoterische Forderung:

Sie hat 2 Aspekte:

1. die Diskreditierung der materiellen Ebene

2. die Diskreditierung des Geldes

Wenn ein Mensch zu erkennen beginnt, dass jene materielle Welt, die er bisher immer für alles ansah - als Anfang und Ende allen Seins - gar nicht alles ist, sondern dass es da noch viel mehr gibt, eine geistige Welt, die viel weiter reicht, dann ist man schnell dabei, diese materielle Welt leichtfertig wegzuwerfen.

Denn da gibt es ja jene geistige reine Welt, in der alles schön und gut und ideal ist.

In der materiellen Welt ist es dagegen materiell und schmutzig und schlecht und irgendwie sehr konkret.

Deshalb strebt man dann natürlich der geistigen Welt zu und von der materiellen Welt weg.

Nun ist es aber so, dass diese materielle Welt eine Funktion hat. Natürlich gibt es noch mehr. Das ist ja wohl nichts Besonderes. Aber jetzt sind wir hier und das hat seinen Sinn:

Die materielle Ebene als Träger und Rahmen für eine bestimmte Form von Erfahrung. Wenn man einmal hier ist, dann kann man das auch nutzen. Woanders ist man noch lange genug - eine Ewigkeit sozusagen. Hier ist man nur 60, 70 oder 80 Jahre.

Es ist nichts daran verkehrt, ganz in dieser Welt anzukommen und dann dieses Leben mit Hingabe zu leben mit allen materiellen Randbedingungen, materiellen Wünschen und materiellen Möglichkeiten.

Diese materielle Welt hinter oder unter sich lassen zu wollen, während man aber noch hier lebt ist ungefähr so, als würde ein Fußballer erkennen, dass es noch andere Spiele außer Fußball gibt und daraus dann die Schlussfolgerung ziehen, dass Fußball ein niedriges oder schmutziges Spiel ist. Und dann würde er nicht mehr richtig mitspielen. Er würde den Ball und seine Mitspieler geringschätzen: "Ja in der Welt da draußen ist alles schön sauber und nicht so schmutzig wie hier auf der Wiese im Matsch! Da gibt es nur Liebe und hier treten wir uns in die Beine." Es ist offensichtlich, was für ein Käse das ist. Wenn man schon einmal Fußballer ist, dann kann man es auch richtig machen.

Wie ist es mit der Geringschätzung des Geldes, die sich dann in einer Abwertung materiellen Reichtums fortsetzt?

Es war schon ausführlich von einer Idee die Rede, welche sich ziemlich weitläufig festgesetzt hat:

"Mit dem, was ich eigentlich will, kann man kein Geld verdienen. Ich muss irgendwas anderes machen, das eben Geld bringt"

Nun ist der Mensch ein Wesen, das immer irgendwie nach Entfaltung strebt. Wenn das der Inhalt der Arbeit nicht hergibt, dann eben sein Zweck. Da kann es passieren, dass das Ziel der Entfaltung die Maximierung des Einkommens wird. Man tut ja sowieso schon *irgendwas*, dann kann man auch *irgendwas* tun, das möglichst viel Geld bringt.

In der Folge wird Inhalt und Ausführung der Arbeit strikt nach der Maximierung des Einkommens ausgerichtet.

Und das ist genau der Grund dafür, dass das Geld so einen schlechten Ruf bekommen hat, den es gar nicht verdient hat.

Denn dann *verkauft man seine Seele*, wie es auch so schön heißt.

Warum?

- Weil die Seele gerne etwas tun möchte, das ihr wirklich Freude macht.
- Weil die Seele etwas tun möchte, das sie wirklich begeistert.
- Weil die Seele etwas tun möchte, das sie wirklich herausfordert - inhaltlich herausfordert.
- Weil die Seele etwas tun möchte, das ihre interessantesten Fähigkeiten zum Einsatz bringt.

Ich meine das mit dem *Seele verkaufen* in keinerlei wertender Weise. Es ist ganz einfach eine Tatsache. Man verrät die Wünsche seiner Seele fürs Geld verdienen.

- Es ist klar, dass sehr viele Menschen in dieser Situation sind.
- Es ist klar, dass die meisten von ihnen das nicht von heute auf morgen ändern können.
- Es ist klar, dass man eigentlich nicht seine Seele verkaufen wollte, sondern lediglich einer begrenzenden Idee aufgesessen ist, die aber nicht stimmt.

Aber: Falls man das will, kann man heute anfangen, im Rahmen des Möglichen Dinge zu tun,

- die man wirklich will,
- die einen wirklich begeistern,
- die dem entsprechen, wovon man immer geträumt hat

Und irgendwann wird man damit auch Geld verdienen können.

Eins aber ist klar:

Das Geld ist an dieser Situation nicht schuld.

Das Geld stellt hier lediglich die Randbedingung des materiellen Systems dar. Das Geld hat im materiellen System den Sinn, den Menschen

- zum Austausch mit anderen zu bewegen,
- zum Einsatz und zur Entwicklung seiner besten Fähigkeiten,
- und dazu, anderen die Leistungen anzubieten, die er als seine Stärken erkannt hat.

Das Geld ist kein Mangel des materiellen Systems. Man kann nämlich auch folgendes annehmen:

"Wenn ich im Rahmen der gegenwärtigen Möglichkeiten konsequent tue, was ich wirklich will, wenn ich konsequent an der Verwirklichung meiner Träume arbeite, dann werde ich damit auch früher oder später Geld verdienen."

Und das ist doch dann ein ganz anderes Geld - das Geld das man dafür bekommt:

- seinen Traum zu verwirklichen
- seine besten Fähigkeiten einzusetzen
- große Visionen zu haben
- Großes zu wagen
- oder einfach nur tun, was wirklich Spaß macht

Da darf es dann auch gerne ohne schlechtes Gewissen ein bisschen mehr sein.

Aber um in einem bestimmten Bereich so kompetent zu werden, dass andere Menschen gerne ihr Geld dafür geben, muss man vor allem eins:

Es tun!

Und wenn es am Anfang nur ein paar Stunden pro Woche sind. Es wird sich entwickeln.

Du darfst nicht so sehr wollen

Man strengt sich an und strengt sich an, erreicht sein Ziel nicht und bekommt dann gesagt:

"Du darfst nicht so sehr wollen"

Wie macht man denn das bitte schön, nicht so sehr wollen?

Dinge verdrängen? Dinge unterdrücken?

Das kann ja wohl kaum die Lösung sein.

Entweder will man oder man will nicht.

Die Lösung ist das Wissen um positiven und negativen Antrieb:

Mit positivem Antrieb handeln, auf negativen Antrieb nicht reagieren.

Wollen kann man dabei so viel man will.

Das Wollen wird immer nur dann zum Problem, wenn Ohnmacht im Spiel ist und man nicht weiß, wie es sich erfüllen lässt.

Hier gehört auch die Aussage dazu, dass Dinge nur dann gut funktionieren, wenn sie einem Menschen egal sind.

Etwas wollen, sehr wollen, das einem nicht egal ist und gleichzeitig denken "Das ist nicht erfüllbar", das führt zu negativem Antrieb und dann geht es nicht mehr. Diesen Zusammenhang gilt es aufzulösen:

Es ist nicht das Problem, sehr zu wollen und auch nicht das Problem zu denken "Das geht nicht". Das Problem ist lediglich, sein Handeln davon beeinflussen zu lassen.

Aber wollen kann man so viel man will und egal muss es einem auch nicht sein.

Es ist natürlich so, dass Dinge, die man nicht so sehr will oder die einem Menschen egal sind, nicht so schnell zu negativem Antrieb führen. Deshalb sind die Erfolge auch besser.

Aber zum Glück lässt es sich lernen, auch Dinge zu erreichen, die man sehr will und die einem nicht egal sind.

Und klar ist auch, dass ein Mensch, der seine Möglichkeiten zu ahnen beginnt, mit einer viel größeren Gelassenheit ans Werk geht. Das ist dann aber eine Folge der Änderungen im Glaubenssystem und nicht davon, dass er sein Wollen irgendwie verleugnet oder unterdrückt.

Meditation

Das Wesen von Meditation ist nicht Gedankenruhe. Und das ist auch nicht das Ziel von Meditation. Auch nicht Gedankenkontrolle. (Das schon gar nicht.)

Meditation schafft einfach einen Zeitabschnitt ohne äußere Aktivität, in dem hochkommen darf, was hochkommen will. Es ist völlig egal, was dabei geschieht, Hauptsache man lässt es ablaufen.

Entspannung und Loslassen wäre ein besserer Leitgedanke dafür, als vieles das sonst mit dem Begriff von Meditation verbunden wird.

Gedankenruhe ist eine Folgeerscheinung davon, dass die Dinge in der menschlichen Psyche in ihre natürliche Ordnung zurückfallen. Wenn man sich zum Beispiel auf Ego-Ebene nicht mehr um Dinge sorgen muss, die dort nicht lösbar sind.

Meditation ist ein gezielter Versuch, eine andere Reaktion zu erlernen auf das, was an einem Menschen zerrt und zieht und was ihn treibt: Anstatt sich zum Handeln treiben zu lassen - einfach nur öffnen.

Eine richtig verstandene Meditation unterscheidet zwischen

- zum Handeln getrieben sein
- und spontanen Handlungsimpulsen

Dem Getriebensein folgt man nicht. Treten aber spontane Handlungsimpulse auf, folgt man ihnen selbstverständlich. Beides unterscheiden zu lernen ist Teil des Entwicklungsprozesses *geistiger Differenzierung*: innere Vorgänge immer besser wahrnehmen und unterscheiden lernen.

Sei zufrieden mit dem, was du hast!

Also da ist auf der einen Seite der *positive Prozess*:

Eine Sache läuft gut, man ist zufrieden, freut sich und es läuft immer besser.

Das legt den Schluss nahe, man müsse einfach immer nur zufrieden sein - vor allem ganz grundsätzlich mit seinem ganzen Laben als solches - und dann läuft alles wie geschmiert.

Unzufriedenheit ist ein Gefühl. Es geht aber niemals darum, Gefühle in irgendeiner Weise zu manipulieren.

Ein Gefühl wie Unzufriedenheit ganz anzunehmen ist auch ein Akt der Selbstannahme: "Ja, ich bin unzufrieden mit meinem Leben. Das ist jetzt eben so!" Indem man das tut, spürt man möglicherweise trotz aller Unzufriedenheit eine deutliche Welle inneren Friedens über sich hereinschwappen.

Die Lösung ist - wie immer - sich nicht von der Unzufriedenheit zum Handeln treiben lassen - die Entkopplung des Handelns von der emotionalen Situation. Die Unzufriedenheit einfach da sein lassen während das Handeln von Möglichkeiten geleitet wird.

Du musst lernen bedingungslos zu lieben

Ein Mensch, dessen Leben nicht erfüllt ist, weil er nicht tun kann, was er will und weil grundlegende Wünsche unerfüllt sind, braucht irgendwelche Kompensationsmittel: Aufputscher, Ersatzbefriedigungen, Ablenkungen (Siehe Kapitel Sucht).

Beziehungen sind eines der stärksten und wirkungsvollsten Kompensationsmittel überhaupt.

Das erfährt man, wenn eine Beziehung zu Ende geht.

Ein Großteil des Katzenjammers der dann einsetzt, ist mitnichten auf die Liebe zurückzuführen, sondern auf das eigene unerfüllte Sein, das nun extrem verstärkt über einen Menschen hereinbricht. Es wird häufig als Einsamkeit betitelt und wie eine Krankheit gehandhabt, die schnell durch eine neue Beziehung "geheilt" werden muss. Jene Einsamkeit ist aber nichts anderes als ein schockartiges Auftauchen der ungeschminkten Realität des eigenen Lebens - wie es eben ist, wenn Wünsche unerfüllt und Träume abgehakt sind.

Daran kann man auf dieser Ebene nichts ändern!

Solange ein Leben in hohem Maße unerfüllt ist, werden Beziehungen immer davon beeinflusst sein. Das heißt, sie werden außer der Liebe (die natürlich auch im Spiel ist - hoffentlich), auch von anderen Faktoren beeinflusst.

Die Beziehung muss dann etwas leisten, das normalerweise interessante schöpferische Aufgaben leisten würden - wirkliche Erfüllung eben.

Das führt zum Beispiel dazu, dass Beziehungen aufrechterhalten werden, die längst ein Ende verdient hätten und es führt dazu, dass Beziehungen und Partner mit Anforderungen überfrachtet werden, denen sie nie wirklich gerecht werden können.

Das ist keine schöne Situation, aber es ist auf Beziehungsebene nicht lösbar.

Es ist nur auf der Ebene lösbar, auf der das Problem entstanden ist als man Wünschen, Willen und Träumen nicht gefolgt ist. Wie das geht, darüber haben wir ja ausführlich gesprochen.

Was man dennoch auf Beziehungsebene tun kann:

Es ist das Gleiche, was auch im Kapitel Sucht erläutert wurde:

Man kann beginnen, sich schrittweise auf das emotionale Territorium zu wagen, welches zu verdecken die Beziehung herhalten muss (oder musste): Es sind Gefühle von Unerfülltheit, Langeweile, Sinnlosigkeit, Trostlosigkeit und wie sie alle heißen.

Das geht sowohl innerhalb einer Beziehung, als auch an ihrem Ende und es geht auch am Anfang einer Beziehung, indem man der Versuchung zu widerstehen beginnt, den Partner als *Lösung für alles* einzuspannen.

Das *bedingungslose Lieben* ist - wie vieles andere, das uns als unerfüllbares Ideal begegnet - eine selbstverständliche Folgeerscheinung eines erfüllten und erfolgreichen Lebens.

Erleuchtung

Ich war viele Jahre auf der Suche nach Erleuchtung. (Erleuchtung als Bewusstseinserweiterung - eine Erfahrung welche in irgendeiner Form die erweiterte Identität - das größere ICH - erfahrbar macht)

Im Nachhinein stellte sich heraus, es war eigentlich keine Suche, sondern eine Flucht - eine Flucht vor der materiellen Misere meines Lebens.

Eines Tages geschah etwas Erstaunliches: Die Lösung meiner ganz konkreten Alltagsprobleme erschien mir plötzlich reizvoller als selbst Erleuchtung.

Es war eine ganz klare innere Erkenntnis: "Erleuchtung kann ich immer haben - eine Ewigkeit lang sozusagen. Aber dieses Erdenleben gibt es nur jetzt und einmal."

Was ist die Quintessenz einer Sekte?

Ein Lehrer oder Führer behauptet, den Weg zur Wahrheit, zur Erleuchtung, zu Gott, zur Liebe oder was auch immer zu kennen.

Seine Anhänger sollen nun genau diesem Weg folgen.

Nun kommt es wie es kommen muss: die Anhänger geraten in innere Konflikte.

Warum?

Weil es *den einen Weg* nicht gibt, sondern jeder hat einen eigenen. Natürlich gibt es ähnliche Erkenntnisse. Aber kaum ein Mensch wird ohne ganz eigene Erkenntnisse an irgendein Ziel von Bedeutung kommen und ohne dass er sich von seinen Lehrern löst und über sie hinausgeht.

Es kommt also zu Konflikten. Nun behauptet der Lehrer: "Wenn du nicht tust, was ich verlange, wirst du niemals zur Wahrheit kommen" oder "Du wirst für immer verdammt sein" oder was auch immer.

Nun kommt es zu absolut extremen inneren Konflikten, da der Lehrer als wahrhaftige und maßgebliche Autorität angesehen wird.

Die Konflikte sind nur lösbar, indem man die Autorität in sich auflöst und das eigene Innere als die maßgebliche Quelle erkennt.

Sekten haben einen Sinn. Sie führen einem Menschen seine Autoritäts-Hörigkeit vor Augen. Sie sind für die Betroffenen ein Schritt auf dem Weg von einer Außen- zu einer Innenorientierung.

Ich hatte einen Lehrer, bei dem es vor allem um absolute Ehrlichkeit ging. Ich mühte mich sehr, aber ich konnte es nicht. Ich war nicht fähig zu absoluter Ehrlichkeit.

Ich erkannte - notgedrungen - eine erste frühe Form von Annahme: meinen gegenwärtigen Entwicklungsstand so zu akzeptieren wie er ist.

Lehrer können aber schon hilfreich sein. Gute Lehrer fördern und verstärken individuelle Entwicklungswege. Ich bin auch solchen begegnet.

In der Vergangenheit nach Ursachen für gegenwärtige Probleme graben

Manche Menschen suchen die Ursachen für Probleme, die sie in der Gegenwart haben, in der Vergangenheit - zum Beispiel in irgendwelchen Erlebnissen der Kindheit.

Und dann werden komplizierteste psychologische Methoden oder Visualisierungstechniken eingesetzt, um an diese Informationen heranzukommen.

Die Auflösung ist aber absolut immer in der Gegenwart möglich. Weder muss man geistig in seine Vergangenheit reisen, um die Ursachen zu finden, noch liegen die Ursachen in der Vergangenheit. Die Ursache liegt in bestimmten Ideen, an denen man JETZT in genau diesem Moment festhält und die man genau JETZT in diesem Moment einer Überprüfung unterziehen kann. Die Gefühle entstehen JETZT, weil JETZT an eine bestimmte Idee geglaubt wird.

Es gibt einen Zusammenhang zur Vergangenheit und der geht so: Irgendwann im Leben gab es einen Moment als die Idee in das eigene Leben eintrat und man sich entschieden hat, sie für wahr zu halten. Diese Situation kann im Rahmen der Erkenntnis mit im Bewusstsein auftauchen. Sie ist aber nicht wichtig.

Dazu ein Beispiel:

Lange Zeit hat es mich beim Tanzen ziemlich blockiert, dass ich immer dachte, ich bewege mich irgendwie linkisch und es würde lächerlich aussehen, wie ich mich bewege. Und das hängt eben einfach mit meiner Größe und meinem Körper zusammen. Jedes Mal wenn dieser Gedanke in meinem Bewusstsein auftaucht, kann ich mich fast gar nicht mehr bewegen und es wird völlig hölzern und verkrampft.

Man beachte, dass ich in der Gegenwart an dieser Idee festhalte und in der Gegenwart bestimmte Gefühle und Situationen dadurch entstehen. Und genau in der Gegenwart ist es auch lösbar. Als ich aber diese Idee klarer zu sehen begann, tauchte auch die Situation aus der Kindheit in meinem Bewusstsein auf, bei der ich mich entschlossen hatte, diese Idee in meinem Glaubenssystem für wahr zu halten:

Ich hatte mit einem anderen Kind Softball gespielt, so eine Art Federball mit einem Schaumgummi-Ball. Dabei waren wir vollkommen ausgelassen und wie verrückt über die Wiese gesprungen, hatten uns verrenkt und jede Menge Spaß gehabt. Kurz darauf traf ich einen mehrere Jahre älteren Jungen, mit dem ich im Rahmen meiner musikalischen Aktivitäten Kontakt hatte, den ich sehr bewunderte und auf dessen Bekanntschaft ich sehr stolz war. Er hatte unser Spiel beobachtet und machte eine abfällige Bemerkung über mein Herumgespringe. Da traf es mich innerlich wie eine emotionale Keule und dieses eigentlich harmlose Ereignis traf auf die Grundidee, das mit mir eben *einiges nicht so in Ordnung ist*. Und von diesem Zeitpunkt an konnte ich mich nicht mehr wirklich frei bewegen.

Das zu wissen ist vielleicht ganz interessant. Es ist aber nicht nötig, um die Einschränkung abzulegen. Denn die Einschränkung und die Emotionen werden in der Gegenwart aufrechterhalten. Es ist nicht so, dass unsere Vergangenheit unsere Gegenwart einschränken würde. Natürlich werden auch die damit verbundenen Gefühle seit damals blockiert - sonst hätte es sich ja schon längst aufgelöst. Aber sie werden immer wieder in der Gegenwart blockiert und man kann in der Gegenwart damit aufhören.

Negative Vorstellungen und Gedanken

"Negative Vorstellungen und Gedanken führen dazu, dass sich das Negative irgendwann realisiert."

Diese Information hat mir über Jahre hinweg Angst gemacht. Denn ich war wirklich voll von negativen Gedanken und Vorstellungen. Und das Schlimmste: Ich konnte nichts daran ändern, dass sie immer wieder auftauchten. Also sah ich mich einer Situation ausgesetzt, in der all das Negative unweigerlich auf mich zukam.

Mit Informationen ist es so:

Wenn Informationen Angst machen, dann sind sie entweder vollkommen falsch oder falsch für diesen Menschen oder falsch zu diesem Zeitpunkt.

Die richtigen Informationen machen keine Angst. Sie ermöglichen, erlösen, erleichtern, vereinfachen.

Dass negative Gedanken oder Vorstellungen da sind, ist kein Problem. Man kann sie einfach da sein lassen.

Entscheidend ist aber, wonach man sein Handeln ausrichtet. Ein guter Umgang mit negativen Gedanken und Vorstellungen ist also der, sie einfach ablaufen zu lassen und sich gar nicht weiter darum zu kümmern.

Negativität

Eines Tages stellte ich ein bisschen resigniert fest

"Du bist ja nur noch am meckern und dich beschweren".

Es hatte sich schon seit einiger Zeit unterschwellig angekündigt und war dann immer stärker geworden bis ich es wahrnehmen musste.

Das war gleichzeitig für mich einer der inakzeptabelsten Zustände überhaupt. Denn die Ideen des positiven Denkens steckten sehr tief in mir drin:

- immer optimistisch sein
- an Möglichkeiten glauben
- nicht immer nur alles schlecht machen
- öfter das Positive sehen
- statt sich nur auf das Negative zu konzentrieren

und die krasse Steigerung:

"Du schätzt dieses Leben nicht und verdienst gar nicht, wie gut es dir geht."

Aber eines war mir an diesem Punkt der Entwicklung schon klar: Wenn es so drückt, da hilft nur eins: die Schleusen aufmachen.

Ich genehmigte mir also die volle Negativität, die in mir drinsteckte:

- wie satt ich alles hatte
- wie mich mein Leben anödete
- wie ich absolut nicht die geringste Lust mehr hatte, dauernd nur Dinge zu tun, die sowieso nicht funktionieren

Es hörte gar nicht mehr auf. Es war wohl lange eingesperrt.

Gleichzeitig meldete sich das Innere mit Tränen der Erleichterung. Endlich durfte es sich mal so richtig auskotzen und alles rauslassen, was schon längst gesagt werden wollte. Es tat so gut, diese Dinge auch laut und ohne jegliche Zurückhaltung zu sagen. Ich hatte mich jahrelang darin blockiert, negative Dinge auszusprechen, weil ich irrtümlich annahm, sie würden sich dadurch erst recht realisieren.

Und ich erkannte: Diese Gefühle waren mehr als berechtigt. Diese Sichtweise auf mein Leben war einfach nur eine Tatsache.

Gefühle sind immer berechtigt. Sie reagieren auf eine Situation, wie sie durch das momentane Glaubenssystem erzeugt wird.

Es ist natürlich nicht die Realität. Aber es ist meine momentan verwirklichte Erfahrung. Und die führt zu Gefühlen und diese Gefühle müssen ausgedrückt werden dürfen.

Und das ist das Erstaunliche an diesen Prozessen: Sie kommen, bauen sich auf und dann sind sie weg.

Nachdem die ganze Negativität heraus war, ging sie auch.

Überrascht stellte ich fest, dass ich gar nicht so negativ war. Ich schätzte mein Leben durchaus auch. Und das ganz ohne Anstrengung und gute Vorsätze.

Das ist das Thema des Unterschieds zwischen glauben - was es wirklich ist - und positivem Denken:

Glauben verändert in keiner Weise Gedanken und Gefühle. Es handelt einfach nur entsprechend - ganz egal wie die Gedanken und Gefühle sind. Um an Möglichkeiten zu glauben, muss man nicht an den Gefühlen herumschrauben.

Alle Konzepte aufgeben

Aus der Beobachtung, dass Konzepte einschränkend sein können, wird geschlossen, dass alle Konzepte nach und nach aufgegeben werden müssen.

Diese Schlussfolgerung steht in direktem Zusammenhang zur Diskreditierung von Ego und Verstand. Wenn man nämlich alle Konzepte aufgibt, dann haben beide nichts mehr zu tun.

Für ein paar wenige Gurus scheint das zu funktionieren. Die hocken dann in irgendeinem Ashram, geben Weisheiten von sich, die niemand wirklich versteht und ihre komplexeste materielle

Verrichtung besteht darin, Gemüse fürs Essen zu schnibbeln - während sie natürlich über alle Zweifel erhaben erleuchtet sind.

Für die Mehrzahl ihrer Schüler aber führt das Konzept, *alle Konzepte aufzugeben*, in Depression und Sinnlosigkeit.

Die Theorie dahinter ist, dass nach Aufgabe aller Konzepte das natürliche spontane Verhalten wieder zum Vorschein kommt und sich das Leben ausschließlich spontan entfaltet.

Und genau das stimmt nicht. Selbst für die, für welche es zu stimmen scheint, trifft es nur für ein extrem einfaches Leben zu, das außer Essen, Meditation und Weisheit verbreiten nicht viel Schöpferisches mehr bietet.

Konzepte sind die Grundlage für Kommunikation und für sämtliche schöpferischen Tätigkeiten in der materiellen Ebene, die übers Gemüse schnibbeln hinausgehen.

Hier steht die äußerst einschränkende Annahme dahinter, dass es Sinn des menschlichen Lebens sei, zu einer absolut einfachen Existenz, die gerade die kreatürlichen Grundbedürfnisse befriedigt, zurückzukehren. So ungefähr wie ein Schaf auf der Weide. Und viel mehr geht ja dann ohne den entmachteten Verstand auch nicht mehr.

Die Gurus leben das so vor. Aber es stimmt nicht. Menschliches Leben ist Ausdruck in einer unglaublichen körperlichen, geistigen, schöpferischen, kreativen Vielfalt. Und diese Vielfalt braucht Konzepte - gute Konzepte, die Möglichkeiten schaffen.

Das ist aber nur die eine Seite. Die zweite noch viel wesentlichere Seite ist die:

Die Annahme, dass sich nach Aufgabe aller Konzepte das natürliche Verhalten aus spontanen inneren Handlungsimpulsen entfaltet, stimmt nicht.

Begrenzungen zerstören die Spontaneität. Es gibt die natürlichen spontanen Handlungsimpulse dann nur noch sehr eingeschränkt. An diese begrenzenden Konzepte kommt man aber ohne Handeln nicht heran.

Das ist das Dilemma: Die Handlungsimpulse sind weg. Sie kommen wieder, wenn die Begrenzungen aufgelöst sind. Aber die Begrenzungen können nur aufgelöst werden, indem erst einmal ohne spontane Handlungsimpulse wieder zu handeln begonnen wird.

Die einzige Instanz, welche dieses Problem lösen kann, indem sie konzentriert ein Handeln nach innerem Wissen wieder aufbaut, ist das Ego. Das Ego initiiert das Handeln da, wo das spontane Verhalten des inneren Selbst gestört ist. Dumme Sache, wenn man es leichtfertig weggeworfen hat zusammen mit allen Konzepten.

Es ist mit diesem Irrtum das Phänomen einer Erleuchtung verbunden, die gleichzeitig zahlreiche Einschränkungen in Bezug auf die materielle Ebene nicht losgeworden ist und die deshalb in Bezug auf ihre Gestaltungsmöglichkeiten im Materiellen äußerst eingeschränkt ist.

Die richtige Lösung des Problems der einschränkenden Konzepte lautet natürlich:

Einschränkende Konzepte aufgeben und neue befreiende Konzepte annehmen. Nicht (mehr) funktionierende Konzepte einfach immer wieder durch besser funktionierende ersetzen.

Es steht natürlich jedem Menschen frei, sämtliche Konzepte aufzugeben und damit auch Ego und Verstand abzuwählen. Dieses Universum basiert auf Freiheit. Da kann jeder tun und lassen, was er will. Man darf dann nur nicht behaupten, dass das der Sinn des menschlichen Daseins sei.

Es ist der Weg von ein paar Freaks, welche sich entschlossen haben, die unglaublichen Möglichkeiten der materiellen Ebene nicht zu nutzen.

Geistige Methoden

Im Kopf bestimmte Dinge tun, um materielle Wirkungen damit zu erzielen

Zwei dieser Methoden praktizierte ich über mehrere Jahre:

1. Das Glaubenssystem (die Weltsicht) durch Suggestion bzw. Selbsthypnose ändern
2. sich Dinge geistig vorstellen, die man sich wünscht, damit sie materiell eintreten

Das Ganze hatte nur einen Nachteil:

Ich erreichte auf diese Weise *gar nichts*.

Die Ursache war natürlich negativer Antrieb:

- Ich setzte Suggestion für neue positive Annahmen vor allem dann ein, wenn mir wieder einmal bewusst wurde, wie viele negative und einschränkende Annahmen es in meinem Glaubenssystem gab.
- Und ich versuchte mir das Gewünschte vor allem dann vorzustellen, wenn ich es besonders schmerzlich vermisste.

Doch schauen wir uns die beiden Methoden jeweils ausführlich an:

Das Glaubenssystem durch Suggestion ändern

Es verwirklicht sich als Erfahrung das, woran man glaubt - was man für wahr hält.

Möchte man also seine Erfahrung ändern, muss man sein Glaubenssystem ändern.

Heute weiß ich, dass das Verhalten das Verbindungsglied zwischen Idee und Erfahrung ist:

- Indem man sich entsprechend der neuen Idee verhält, beginnt sich diese als neue Erfahrung zu verwirklichen.

- Und indem man sein Verhalten nicht mehr nach der alten Idee richtet, wird die alte Erfahrung vorüberziehen und verschwinden.

Als ich diesen Zusammenhang noch nicht kannte, nahm ich an, ich müsste mein Glaubenssystem durch Suggestion (Selbsthypnose) ändern:

Man sagt die neue positive Idee immer wieder im Geiste vor sich her, während man sich vorstellt, wie sie sich verwirklicht. Dadurch glaubt man sie irgendwann, wie etwas, das einem Menschen immer wieder gesagt oder eingeredet wird oder wie etwas, das ihm unter Hypnose gesagt wird.

Heute nenne ich diese Art des Handelns *Hokuspokus-Handeln*. Anstatt ganz direkt das zu tun, was unmittelbar die gewünschte Wirkung erzielt, tut man indirekt etwas anderes, wovon man sich die gewünschte Wirkung erhofft. Es ist wie mit einem Zaubertrank oder einem Zauberspruch - eben Hokuspokus. Man tut etwas, das mit der gewünschten Wirkung direkt nichts zu tun hat, wovon man sich aber dennoch eine Wirkung verspricht.

Das Gegenteil von Hokuspokus-Handeln nenne ich *relevantes Handeln*: Man tut etwas, wovon unmittelbar klar ist, dass es die gewünschte Wirkung auf ganz direktem Wege hervorbringt.

Hokuspokus-Handeln hat die Tendenz, das relevante Handeln zu verdrängen bzw. ganz abzulösen. Das ist ein grundsätzlicher Nachteil an allen Methoden dieser Art. Man setzt sie ein, weil es irgendwie einfacher erscheint oder weil man zum direkten, relevanten Handeln nicht den Mut hat.

Es gibt aber etwas, das Suggestion und Selbsthypnose sehr ähnlich ist und das relevantes Handeln darstellt. Wir werden jetzt den wahren Kern der Methode retten.

Suggestion beruht ja auf Sprache und darauf, bestimmte Ideen, vor sich hin zu sagen.

Was wäre denn in sprachlicher Hinsicht ein Verhalten, das sich nach der neuen Idee richtet?

Oder anders gefragt:

Wie würde man sich in sprachlicher Hinsicht verhalten, wenn die neue Idee bereits als erwünschte Erfahrung verwirklicht wäre?

Man würde darüber erzählen: sich selbst und anderen gegenüber.

"Sich selbst gegenüber?"

Ja. Man würde zum Beispiel abends im Bett liegen und für sich selbst feststellen: "Das war aber ein wirklich wundervoller Tag heute." Und dann würde man sich darüber freuen.

Wie ist das aber, wenn die Erfahrung noch nicht verwirklicht ist?

Man liegt also abends im Bett und sagt vor sich hin "Das war ein wunderschöner Tag heute". Freude kommt aber nicht auf, sondern eine ganze Reihe negativer Gefühle.

Dagegen ist nichts einzuwenden, solange man diese Gefühle nach oben kommen lässt. Ich weiß aber ehrlich gesagt nicht, ob das tatsächlich eine Wirkung hat, wenn eine Erfahrung noch gar nicht verwirklicht ist.

Aber:

Es gibt einen Übergangsbereich, in dem sich Sprache sehr wirkungsvoll einsetzen lässt, um tatsächlich die Verwirklichung von bestimmten Erfahrungen voranzutreiben - einen Übergangsbereich, in dem die Erfahrung schon zum Teil verwirklicht ist.

Wenn es Tage gibt, die ein bisschen schon schön sind - um mal bei diesem Beispiel zu bleiben - oder wenn zumindest schon ab und zu ein schöner Tag dabei ist: Dann lässt sich durch betontes inneres Feststellen "Das war aber ein schöner Tag" auf den bereits verwirklichten Anteil der neuen Idee reagieren.

In dieser Übergangsphase nämlich werden die Anzeichen von Verwirklichung einer neuen, gewünschten Erfahrung leicht übersehen.

Ich persönlich glaube nicht, dass das stupide Wiederholen von Suggestionen etwas bringt. Ein Mal reicht. Man trifft innerlich die Feststellung, öffnet sich den Gefühlen - ob nun positiv oder negativ - und dabei belässt man es dann aber auch.

Es ist auch davon abzuraten, solche Feststellungen nun betont nachdrücklich oder *suggestiv* zu treffen. All das - viele Wiederholungen und besonderer Nachdruck - sind nämlich Kennzeichen eines negativen Antriebs, der sich vor allem daraus motiviert, dass man nicht an eine Verwirklichung der neuen Idee glaubt.

In jener Übergangsphase kann man übrigens auch die Erfahrung machen, dass Feststellungen dieser Art ganz spontan sehr positive Gefühle auslösen.

Wie ist das nun mit dem Einsatz der Sprache anderen Menschen gegenüber?

Wenn bestimmte Erfahrungen verwirklicht sind, dann erzählt man anderen darüber. Einem anderen Menschen etwas zu erzählen, das man erlebt hat, ist eine Reaktion auf die entsprechende Erfahrung.

Was jetzt kommt ist ein sehr wirksamer Hinweis. Es ist aber eigentlich keine Methode - auch wenn es so aussieht - es ist relevantes Handeln in allerhöchstem Maße.

Ich betone das extra, weil dieser Hinweis, der jetzt gleich kommt, sich so am Ende dieses Buches versteckt und auch noch nach dem Kapitel "Irrtümer und Irrwege".

Andererseits sollte es schon auch einen guten Grund geben, dieses Buch ganz zu Ende zu lesen. Und hier kommt er:

Man spricht über die Erfahrungen, deren weitere und stärkere Verwirklichung man sich wünscht und man spricht <u>nicht</u> über solche Erfahrungen, die man lieber nicht mehr in seinem Leben hätte.

Hier geht es jetzt nicht darum, anderen Menschen wichtige Informationen nicht zu geben. Sondern hier geht es um den Bereich, wo man einfach einander irgendwelche Sachen erzählt, weil man sich eben *unterhält*.

"Aber das ist doch nicht ehrlich! Und außerdem ist es positives Denken"

Stimmt weder noch. Etwas zu erzählen ist eine Handlung. Man reagiert damit auf bestimmte Ideen - nämlich die Ideen hinter der

Erfahrung. Wenn man seine Erfahrungen ein bisschen mitgestalten möchte, dann wählt man besser aus, auf welche Ideen man reagiert.

Und wer hier ein Problem mit der Ehrlichkeit hat, der vergegenwärtige sich am besten einmal, wie er selbst sich fühlt, wenn andere Menschen ihm mal wieder ihre negativen Erfahrungen reingedrückt haben.

Im Sinne *geistiger Differenzierung* ist es im Übrigen ein scheinbar kleiner aber feiner Unterschied, ob man die Idee hinter einem Gefühl oder einer Erfahrung *für sich selbst* ausspricht, um das Gefühl herauszulassen – wenn es herausgelassen werden will oder ob man negative Erfahrungen immer wieder in Gesprächen hervorholt.

Es ist natürlich unter Umständen nicht ganz einfach, damit aufzuhören, die ganzen negativen Erfahrungen breitzutreten, weil man nämlich genau in dem Moment, wo man der Versuchung widersteht, mit einem Gefühl konfrontiert wird, das sonst durch die Erzählungen kompensiert wird. Sich diesem Gefühl zu stellen und zu öffnen - das ist hier die Empfehlung.

Das Gewünschte durch Vorstellungen herbeiführen

Ich habe sehr lange und fest an Vorstellungen als Methode zur Herbeiführung gewünschter Wirkungen geglaubt. Und da ich Dinge, von denen ich überzeugt bin, gewöhnlich mit sehr viel Energie umzusetzen versuche, habe ich entsprechend viel Zeit damit verbracht, Vorstellungen zu erzeugen.

Genauer gesagt, ich habe es versucht. Denn mit den Vorstellungen machte ich vor allem eine Erfahrung: Es ging nicht.

Ich versuchte wieder und wieder, mir etwas Gewünschtes vorzustellen und so sehr ich mich auch anstrengte und mühte, es ging teilweise absolut überhaupt gar nicht.

Das war eine erstaunliche Erfahrung, wo man doch überall und in so vielen Büchern lesen kann, wie wichtig das mit den Vorstellungen ist.

Und ich weiß wovon ich spreche: Ich habe über Jahre fast täglich damit zugebracht - mit dem Versuch bestimmte Vorstellungen zu erzeugen. Es klingt so einfach, aber ich konnte es nicht!

Andererseits gab es Situationen, da wurde ich von positiven Vorstellungen des Gewünschten regelrecht überflutet und das teilweise über längere Zeiträume, ohne dass ich mich auch nur im Geringsten darum bemüht hatte. Das geschah vor allem dann, wenn ich eine *relevante Handlung* ausgeführt hatte. Das heißt, wenn ich etwas getan hatte, dass dem Ziel tatsächlich in einem sehr praktischen Sinne diente.

Es war offensichtlich sinnlos und auch frustrierend, Vorstellungen abseits des ganz konkreten Handlungsprozesses irgendwie erzeugen zu wollen, um das spätere Handeln zu erleichtern oder um zu erreichen, dass etwas ganz ohne weiteres Handeln eintritt.

Vorstellungen sind ein ganz normaler Bestandteil schöpferischer Prozesse. Wenn sie gebraucht werden, sind sie da. Natürlich werden viele Dinge erst in der Vorstellung durchgespielt, ehe man sie tatsächlich praktisch tut.

Aber:

Die natürlich vorhandenen und normalerweise in schöpferischen Prozessen selbstverständlichen Vorstellungen sind an vielen Stellen durch einschränkende Annahmen blockiert. Bei Vorstellungen geht es weniger darum, sie künstlich zu erzeugen, als viel mehr ihren natürlichen Fluss wieder in Gang zu setzen.

Vorstellungen folgen dem Willen, den Gefühlen, der Aufmerksamkeit und beherzten Entscheidungen.

Wenn ich eine Tasse vom Tisch nehmen möchte, dann muss ich auch nicht darüber nachdenken, wie ich meinen Arm nun dahin bewegen muss und was meine Hand tun muss, damit die Tasse mitkommt. Ich tue es einfach und es geht. Ein einfacher Entschluss und alles läuft. Außer der Arm ist blockiert. Dann wäre es aber ein Fehler, nun den Arm und die Hand rational steuern zu wollen. Man würde eher schauen, wie sich die Blockade beseitigen lässt, damit es wieder leicht, spontan und flüssig funktioniert.

Und genauso ist es mit den Vorstellungen: Es geht darum, die Blockaden eine nach der anderen zu beseitigen, welche die natürliche Arbeit der Vorstellungen verhindern.

Kinder kennen eine der wirksamsten Möglichkeiten, Vorstellungen einzusetzen:

sich etwas erträumen

Eigentlich ist ihnen dabei nicht unbedingt klar, was sie tun. Sie geben sich einfach bestimmten Vorstellungen hin, weil es sich für sie schön anfühlt.

Diese Art des Vorstellungen Bildens ist nicht Ziel-orientiert, sondern auf die gegenwärtige Erfahrung fixiert: Man gibt sich einer Vorstellung hin, weil sie glücklich macht und weil man das genießt.

Das würde zielorientiert auch nicht sehr gut funktionieren, denn es erfordert einen recht langen Atem. Dafür wirkt es um so mächtiger und kann sich in grundlegenden, kompletten Lebensumstellungen manifestieren.

Wenn man sich über Jahre hinweg bestimmten angenehmen Vorstellungen hingibt, einfach weil man dazu Lust hat (nicht Lust auf die Verwirklichung der Vorstellung, sondern Lust auf die Vorstellung an sich), dann wird sich diese Vorstellung auf eindrucksvollste Weise im Leben manifestieren.

Der materiellen Weltsicht wegen ist vielen Erwachsenen später nicht klar, was sie da als Kind an Positivem "eingerührt haben". Es gibt dann den Effekt, dass die positiven Erfahrungen nicht aufrechterhalten oder wiederholt werden können, die sich beim Eintritt in das Erwachsenenleben zunächst aufgebaut hatten.

Für einen Erwachsenen geht es also vor allem darum, sich dieses wichtige Instrument wieder zurückzuerobern: sich große und schöne Träume zu erlauben.

Die Gründe für die Blockaden sind einerseits, dass diese Art des Herumträumens verpönt ist und andererseits, dass ein Wunsch, den man für nicht erfüllbar hält, negative Gefühle auslöst. Der Schlüssel zurück zum freien Fluss der Vorstellungen ist aber, sich diesen negativen Gefühlen solange zu stellen, wie sie eben auftreten.

Es gibt verschiedene Arten des Herumträumens:

- Träumereien, die ganz spontan eintreten und die einen Menschen geradezu übermannen und überfluten können: Hier bringt das innere Selbst mit Macht nach oben, was eigentlich wirklich innere Wünsche sind. Das ist um so wichtiger, weil die Vorstellungen, was Wünsche seien, ganz und gar nicht unbedingt mit den wahren Wünschen übereinstimmen und weil diese inneren Wünsche mit gegebenen Situationen kollidieren können. In beiden Fällen neigt man dazu, die Träumereien zu blockieren. Nur um das gerade an dieser Stelle ganz klarzustellen: Es geht in diesem Kapitel nicht um nächtliche Träume im Schlaf, sondern um Träumereien am Tag - eben zum Beispiel diese spontanen Tagträume, bei denen man sich immer wieder *erwischt* und die es zu befreien gilt von all den Argumenten, die dagegen sprechen - sowohl gegen die Träumereien an sich als auch gegen ihre Inhalte.

- willentliches Träumen: Man nimmt sich Zeit für schöne Vorstellungen. Einfach so, weil es schön ist und weil es ein wirksames Mittel zur Gestaltung des eigenen Lebens ist. Abends vor dem Einschlafen oder morgens nach dem Aufwachen oder einfach zwischendurch. Das hat nichts zu tun mit einer zielorientierten Methode, sondern es ist auch eine Art Dialog mit dem eigenen Inneren. Für diese Art des Träumens müssen gegebenenfalls Begrenzungen erst überwunden werden. Nämlich dann, wenn es vor allem negative Gefühle auslöst. Das bedeutet, man gibt sich der Vorstellung hin, der man sich gerne hingeben *will* und stellt sich dann den negativen Gefühlen, die das vielleicht auf den Plan ruft. Sich bestimmten Vorstellungen immer wieder hinzugeben weil sie gut tun, bedeutet auch, immer wieder auf bestimmte Ideen zu reagieren. Das sind Vorstellungen, die wirken.

Am "Ausgang" von Vorstellungen, also da wo man aus den Vorstellungen heraus in die Wirklichkeit zurückkommt, kann es einen *Realitätsschock* geben. Das sind negative Gefühle, die aus der Diskrepanz zwischen Vorstellungen und verwirklichter Alltagsrealität resultieren. Es ist die Enttäuschung, dass noch nicht verwirklicht ist, was man sich gerade so schön ausgemalt hat.

Um dem Realitätsschock zu entgehen, könnte man dazu neigen, *sich in Vorstellungen zu verlieren* und nicht zurück in den Alltag kommen zu wollen. Die Lösung ist hier natürlich, sich diesen Gefühlen einfach immer wieder zu stellen.

Ich habe mit Vorstellungen sehr ausgiebig die Theorie "viel hilft viel" getestet. Sie trifft nicht zu. Man kann sich also einfach an den eigenen inneren Bedürfnissen orientieren, was die Dauer von Vorstellungen betrifft.

Fragen stellen

Es ist eigentlich keine Methode, sondern eine grundsätzliche Eigenschaft des menschlichen Wesens, die aber blockiert sein kann:

Wenn man eine Sache nicht weiß - einfach fragen.

Aber wen?

Sich selbst!

Wenn es schon so etwas wie inneres Wissen gibt, dann kann man es ruhig auch benutzen.

Eine Frage einfach nur stellen, in aller Klarheit. Am besten irgendwo aufschreiben. Und dann staunen, wie sich Antworten einstellen. Dafür ist es von Vorteil, Stift und Notizblock immer irgendwie griffbereit zu haben. Ich benutze außerdem noch ein Diktiergerät.

Das Fragen stellen hat viel zu tun mit einer Sache, von der schon die Rede war, die ein Merkmal geistiger Weltsicht ist und die in materieller Weltsicht aber weitgehend zum Erliegen kommen kann:

Möglichkeiten annehmen, wo keine sichtbar sind.

Das muss man einfach wissen, dass es da eine innere Quelle gibt, die Fragen in großzügiger, ausführlicher und kompetenter Weise beantwortet.

Man muss daran *glauben*, dass es funktioniert.

Nun ist das Problem natürlich wieder "Ich glaube aber nicht daran!"

Deshalb möchte ich diese letzte Gelegenheit fast am Ende des Buches nutzen, noch einmal zu wiederholen, wie das mit dem Glauben ist:

Glauben bedeutet nicht unbedingt, dass es sich wahr anfühlt oder dass es wahr erscheint ...

Aber Glauben bedeutet, dass man danach handelt!

Auch wenn man sich dabei vielleicht ein bisschen dumm vorkommt: Einfach eine Frage zu stellen und auch noch an sich selbst, wo man doch die Antwort gar nicht weiß.

Das ist der Trick: Es einfach zu tun, trotz der komischen Gefühle, die man dabei hat, die einem sagen "Das ist vollkommener Blödsinn" oder "Das funktioniert sowieso nicht" oder "Bei mir funktioniert das sowieso nicht"

Das ist die Entkopplung des Handelns von der emotionalen Situation.

Die Antworten kommen nicht immer sofort, aber manchmal tun sie auch das und so prompt, dass das Innere schon loslegt, noch bevor man seine Frage überhaupt zu Ende gestellt hat. Da muss man ein bisschen aufpassen.

Und sie kommen auf die verschiedenste Weise. Am häufigsten als spontane Eingebungen, aber auch als Erlebnisse oder Episoden.

Bei mir ist frappierend, wie Antworten häufig unmittelbar nach dem Aufwachen einfach da sind.

Begriffe

Im Folgenden wird die Verwendung einiger Begriffe präzisiert, die noch nicht definiert wurden oder die in mehreren unterschiedlichen Bedeutungen verwendet werden.

Materielle Welt

Der Begriff *materielle Welt* taucht in 2 verschiedenen Bedeutungen auf:

Es ist keine materielle Welt:

Die Wurzeln dieser Welt sind geistiger Natur. Auch Materie ist eine geistige Schöpfung. Der Schwerpunkt in dieser Deutung liegt auf dem Ausgangspunkt dieser Welt, ihrer Grundlage, ihrer Ursache, ihrer Entstehung. "materiell" steht hier für "Materie als Ausgangspunkt aller Existenz". Und das stimmt ja nicht.

Es ist eine materielle Welt:

Es ist eine spezifische geistige Welt, die sich durch materielle Strukturen auszeichnet (wobei hier selbstverständlich vorausgesetzt wird, dass Materie eine spezifische Form von Geist ist) Diese materielle Welt zeichnet sich dadurch aus, dass der Mensch bestimmten Randbedingungen ausgesetzt ist, die sich teilweise nicht ad hoc, sondern nur durch konsequentes Handeln nach bestimmten Ideen formen lassen. Durch Erfahrungen, welche durch die materiellen Randbedingungen ausgelöst werden, begegnet der Mensch seinem Glaubenssystem im Außen wieder. Der Schwerpunkt dieser Deutung liegt auf den spezifischen Eigenschaften dieses Erfahrungs-Systems. "materiell" steht hier für "eine spezifische Form von Geist" Und so stimmt es.

Anstrengungen

Es gibt sehr viele positive Anstrengungen, zum Beispiel im Sport oder wenn man bei einer schöpferischen Aufgabe über sich hinauswächst.

Positive Anstrengungen beruhen auf Möglichkeiten und kommen dem Ziel zugute.

Wenn in diesem Buch immer wieder davon die Rede ist, Anstrengungen einzustellen, dann bezieht sich das auf negative Anstrengungen - Anstrengungen die daraus resultieren, dass etwas nicht geht. Die Alternative zu negativen Anstrengungen ist immer die Bereitschaft, sich mit bestimmten als unangenehm empfundenen Gefühlssituationen zu konfrontieren.

Annahme

2 Bedeutungen

- eine Idee für wahr halten
- eine Situation so akzeptieren, wie sie ist

Was ist Realität und was ist Anschein?

- Die Realität oder Wahrheit ist das, was absolut und unumstößlich wahr ist. Daran lässt sich nichts ändern. Das würde allerdings auch keiner wollen. Denn die Wahrheit ist höchst erfreulich. Worte können nicht beschreiben, wie erfreulich die Wahrheit ist.
- Dann gibt es eine materiell verwirklichte Erfahrung: Eine Idee hat sich durch fortgesetzten Energieeinsatz verwirklicht und zwar sogar materiell: Die Erfahrung geschieht innerhalb von "harten" materiellen Grenzen, die man nicht mehr ad hoc verlassen kann. Die materielle Verwirklichung gibt ein Verhalten vor, dass nicht mehr vollständig geändert werden kann, sondern nur im Rahmen eingeschränkter Freiheitsgrade. Konsequentes Nutzen der Freiheitsgrade würde den Prozess aber rückgängig machen.
- Eine nicht materiell verwirklichte Erfahrung: Eine Idee hat sich durch fortgesetzten Energieeinsatz verwirklicht, aber noch nicht materiell. Die Erfahrung kann zwar vielleicht intensiv sein, aber es stehen keine materiellen Randbedingungen dahinter. Verhaltensänderungen sind jederzeit komplett möglich. (Wenn man sich traut

oder falls man es überhaupt will, denn es gibt ja auch erwünschte Erfahrungen.)

- Eine Idee wird der Realität als Attribut zwar zugeschrieben - das heißt, man hält sie für wahr - es gibt aber keine Verwirklichung als Erfahrung, weder materiell noch nicht-materiell.

Das Glaubenssystem

Das System der Ideen, die man für wahr hält.

Ein anderer Ausdruck dafür ist Weltsicht.

Probleme

Im Kapitel bzw. Buchteil "Probleme" wird der Begriff in einer ganz spezifischen Bedeutung verwendet so wie sie dort auch ausführlich definiert ist.

Darüber hinaus wird der Begriff aber auch in der allgemeineren Bedeutung "irgendeine noch ungelöste Aufgabe" verwendet.

Wissenschaft

Wenn ich von Wissenschaft spreche, dann meine ich all jene Wissenschaften, die aus der Beobachtung *der Welt* schlussfolgern und dann verallgemeinern.

Ich selbst habe Mathematik studiert und nicht nur weil ich dieses Fach so liebe, möchte ich in aller Klarheit darauf verweisen, dass meine Kritik an wissenschaftlicher Vorgehensweise für die Mathematik nicht gilt.

Im Gegenteil stellt die Mathematik ein Modell dar, wovon Wissenschaftlichkeit im Allgemeinen sehr viel lernen könnte:

Da wären zum einen die Axiome: Mathematik benennt die Grundannahmen, auf denen sie beruht. Es ist zu jedem Zeitpunkt klar, dass alle Gesetzmäßigkeiten der Mathematik nur unter diesen Grundannahmen Gültigkeit haben. Andere Grundannahmen führen zu anderen Mathematiken. Das wäre der erste Unterschied zu anderen Wissenschaften, in denen die Grundannahmen nicht einmal gesehen werden und auch nicht, dass andere Grundannahmen zu völlig anderen Schlussfolgerungen führen würden. Unzählige Experimente der sogenannten Wissenschaft sind sofort obsolet, wenn klar ist, dass der Geist jene ach so objektiven materiellen Resultate beeinflusst oder sogar hervorbringt. Manche Bereiche der Wissenschaft erübrigen sich komplett, wenn der Einfluss des Geistes auf die Materie erkannt wird. Ziele können dann nämlich auf eine sehr viel direktere und wirksamere Weise erreicht werden.

Und da wäre zum anderen die vollkommene Exaktheit des Denkens und der Schlussfolgerungen in der Mathematik. Diese Form der Exaktheit ist vielleicht nicht direkt auf andere Gebiete übertragbar. Aber sie wird es, wenn man das Denken auf die Intuition und Erfahrung erweitert:

Eine Art erweiterten Denkens, welches Intuition, Gefühle und Erfahrungen einschließt.

Es gibt einen inneren Bereich, der Widersprüche in Form von Gefühlen und Erfahrung nach oben transportiert, wo sie untersucht und angeschaut werden können. Es ist eine Art Dialog des rationalen Denkens mit den inneren Teilen der Psyche:

Das rationale Denken trifft eine Annahme und die inneren Teile der Psyche reagieren darauf. Das ist natürlich unter Umständen nicht angenehm, wenn diese Reaktion negative Gefühle oder das Empfinden starker Widersprüche sind. Indem man sich diesen Gefühlen stellt, ergeben sich im rationalen Denken neue Annahmen.

Ein solches erweitertes Denken ermöglicht es, die gleiche Exaktheit, wie sie in der Mathematik selbstverständlich ist, auch für andere Ideen-Systeme zu erreichen.

Es geht nicht darum, wissenschaftliches Denken komplett in Frage zu stellen, sondern darum, es auf ein neues Niveau zu heben, wo es die Menschheit und die Schöpfung nicht begrenzt, sondern die Möglichkeiten in einem positiven Sinne erweitert.

Und das beantwortet auch die Frage der Wissenschaftsethik:

Wie geht es dir, während du diese Dinge tust?

Der Mensch kann gegen die Interessen der Schöpfung nicht verstoßen, ohne dass ihm sein Inneres diese Verstöße deutlich anzeigt. Nur wenn diese inneren Vorgänge blockiert sind, dann ist er schnell dabei, seinen Kompetenzbereich als Mensch im Gesamtgefüge des Universums zu überschreiten.

Danksagung

Ich danke Jane Roberts, Robert Butts und Seth für ihre Seth-Bücher, insbesondere *"Die Natur der persönlichen Realität"*. Diese Bücher haben mich auf den richtigen Weg gebracht.

Ich danke meiner Tochter dafür, dass ich durch sie erfahren konnte, was Liebe wirklich ist und was sie bewirken kann.

Ich danke C. für den letzten nötigen Stups aus einer Abhängigkeit heraus, für einen Riesenhaufen Erkenntnisse in absolut kurzer Rekord-Zeit - sozusagen lernen mit Lichtgeschwindigkeit - und dafür, dass sie bestimmte Dinge in mir gesehen und zum Klingen gebracht hat, so dass ich sie auch sehen konnte.

Ich danke allen geistigen Wesen, die mir unbekannterweise geholfen haben.

Ich danke der Firma Asus für die Erfindung des Eee-PC (und IKEA für den Laptophalter Bräda) bzw. dafür dass ich zum Schreiben nicht mehr am Schreibtisch sitzen muss.